INDIANER
NORDAMERIKAS

INDIANER
NORDAMERIKAS

Norman Bancroft-Hunt

GONDROM

© Copyright der deutschsprachigen Ausgabe
by Gondrom Verlag GmbH & Co. KG, Bindlach 1994
Aus dem Englischen übersetzt von Birgitta Götzelmann, Würzburg
Titel der englischen Originalausgabe „Indians of North America"
Copyright ©1992 Quintet Publishing Limited
Die Originalausgabe wurde entwickelt und realisiert von
Quintet Publishing Limited, 6 Blundell Street, London N7 9BH

Alle Rechte vorbehalten
Kein Teil dieses Werkes darf ohne schriftliche Einwilligung des Verlages
in irgendeiner Form (Fotokopie, Mikrofilm oder ein anderes Verfahren)
reproduziert oder unter Verwendung elektronischer Systeme verarbeitet,
vervielfältigt oder verbreitet werden.

ISBN 3-8112-1117-X

Produktion der Originalausgabe

Redaktionsleitung: Richard Dewing
Grafische Gestaltung: Stuart Walden
Projektleitung: William Hemsley

Inhalt

EINLEITUNG 6

DIE WÜSTENBEWOHNER 8

DER HOHE NORDEN 24

DIE BÜFFELJÄGER DER STEPPEN 42

DIE FISCHER DER NORDWESTKÜSTE 60

DIE WALDBEWOHNER 76

DER WEITE WESTEN 94

REGISTER 110

Einleitung

EINLEITUNG

In der Phantasie der meisten Leute nehmen die nordamerikanischen Indianer einen besonderen Platz ein, weil sie durch Hollywoodfilme und Westernromane so vertraut sind. Obwohl das Bild, das sich aus diesen Quellen gebildet hat, anhaltend ist, ist es doch auch restriktiv und wird dem großen Reichtum und der großen Vielfalt der nordamerikanischen Indianerkulturen nicht gerecht.

In diesem Buch soll versucht werden, diese Vielfalt aufzuzeigen. Es konzentriert sich vor allem auf die Zeit vor der europäischen Invasion ihrer Länder, die das Leben dieser Völker zutiefst erschütterte. Die Photographien, von denen viele noch nie abgedruckt worden sind, wurden sorgfältig ausgewählt, und beinahe alle abgebildeten Gegenstände sind solche, die zur Zeit der ersten Berührung mit Europäern entstanden sind, ehe die Handelswaren die örtlichen Materialien verdrängten.

Der Text befaßt sich mit Menschen, die sich an Umgebungen anpaßten, die vom Tropischen zum Arktischen reichten, mit Wüsten, Grasebenen, Wäldern, Sümpfen, Seengebieten, Savannen, Fjorden, Inseln und Bergen dazwischen. Ihre Lebensweisen, ihre Glaubensvorstellungen und ihre Beziehungen zwischen Gruppenmitgliedern untereinander und zu anderen Völkern ihrer Region spiegeln die Vielfalt des Landes wider, in dem sie lebten.

Die Wirtschaftsformen der amerikanischen Ureinwohner drehen sich um die Jagd auf Land- und Meeressäugetiere, Fischfang, Landwirtschaft und Sammelwirtschaft. Es gab nomadische, halbnomadische und festansässige Lebensweisen. In bestimmten Gebieten waren große Bundes- und Stadtstaaten aufgebaut. Anderswo wiederum gab es Stammesgruppen, Sippen und kleine Großfamilienverbände. Die Bevölkerungszahlen dieser verschiedenen Gruppen konnten variieren zwischen nur zwanzig oder dreißig Leuten bis hin zu mehreren tausend. Auch in ihrer Sprache wiesen sie ungeheure Unterschiede auf, und mindestens 500 untereinander nicht verstehbare Sprachen wurden gesprochen.

Es kann sehr irreführend sein, all diese sehr verschiedenen Völker mit dem Einzelbegriff „amerikanische Indianer" zu bezeichnen. Das Wort „Indianer" wurde verwendet für sie, als Kolumbus 1492 zu einer Fehleinschätzung seines Aufenthaltsortes kam und dachte, er hätte einen neuen Seeweg nach Indien gefunden. Der Name „Amerika" wurde gemünzt nach Amerigo Vespucci, dem klar wurde, daß dieses Land ein in Europa bisher unbekannter Kontinent war – er selbst nannte ihn 1507 *Mundus Novus*, die neue Welt. Der Begriff amerikanische Indianer wird hier deshalb benutzt, weil er so im allgemeinen Sprachgebrauch verwendet wird, wobei dies hier allerdings keine Implikation dafür sein soll, es gäbe hier eine umfassende kulturelle Gleichheit. Noch spiegelt er die Art und Weise wieder, wie die eingeborenen Völker von sich selbst denken. Für die meisten von ihnen übersetzt sich der Stammesname im Englischen einfach als „The People", das Volk.

Dieses Buch soll einen Einblick geben, wie diese Kulturen aussahen. Gleichzeitig aber möchte ich den Leser bitten, immer daran zu denken, daß diese eingeborenen Amerikaner immer noch unter uns weilen, und auch daran, daß – wieviel auch immer vernichtet wurde und wie viele plötzliche Änderungen in den 500 Jahren seit Columbus stattgefunden haben – sie doch ein stolzes Erbe in die Zukunft tragen.

Tabaksbeutel, Ostdakota (Sioux. 1820–1830). Tabak wurde rituell benutzt, um Geisterkräfte zu ehren oder zu besänftigen, und auf Versammlungen und Beratungen zur Bezeigung von Freundschaft, Vertrauen und guten Willens geraucht.

Die Verzierung hier besteht aus gefärbten Stachelschweinborsten, weißen Perlen, Seetaucherfedern und Zapfenbommeln, die alle am Wildleder befestigt sind.

ERSTES KAPITEL

Die Wüsten-
bewohner

View in Pueblo Acoma N.M.

Acoma, Pueblo, ca. 1885. Acoma (Himmelsstadt) ist oben auf der Mesa erbaut, die sich etwa 120 m über die Steppe erhebt, und liegt nahe der modernen Stadt Albuquerque, Neu-Mexiko. Diese Stadtsiedlung ist schon seit 1000 Jahren bewohnt. Äußerlich hat sie sich wenig verändert und ist auch heute noch so wie damals, als diese Aufnahme entstand.

Als 1540 die spanische Expedition Francisco Vasquez de Coronadas die südwestlichen Regionen des heutigen Neu-Mexikos und Arizonas betrat, stolperte sie über Zivilisationen, die schon lange vor der Gründung des spanischen Königshofes bestanden hatten. Sie kamen an den schneebedeckten Gipfeln der Sandiaberge vorbei, unter denen schon Eiszeitjäger 12 000 Jahre zuvor ihre Lager gehabt hatten. Die Vorfahren der historischen Stämme der Region hatten sogar schon 3 000 v. Chr. Mais am Bat Cave angebaut. Sowohl Acoma (Himmelsstadt genannt wegen seiner großartigen Lage oben auf einer hohen Mesa = abgeflachtes Hochplateau) als auch die Hopi-Siedlung Oraibi könnten legitimen Anspruch darauf erheben, die ältesten, dauernd bewohnten Siedlungsstätten auf dem ganzen nordamerikanischen Kontinent zu sein. Die Spanier waren unbeeindruckt von dem, was sie vorfanden. Sie waren von Mexiko aus nach Norden aufgebrochen, um Cibola zu suchen, die legendären Sieben Goldstädte, und fanden statt dessen Siedlungen mit vielstöckigen, aus getrocknetem Ton oder Adobe (= Ton- und Strohgemisch) gebauten Appartementblöcken.

DIE PUEBLO

Das Land der Pueblo, wie Coronado sie nannte, rief bei den Spaniern, die volle Rüstung und Kettenhemd trugen und für die das Sommerwetter unerträglich heiß war, Schreie der Bestürzung hervor. Das Land war heiß und trocken,

Kachina-Puppe, Hopi, Poli Kachina Mana, 1930. Die Poli Kachina Manas (Schmetterlingsjungfrauen) traten immer in Vierergruppen auf, mit einem männlichen Tänzer, Poli Kachina, der in ihrer Mitte tanzte.

Kakteen und rasiermesserscharfe Blätter der Yuccabüsche rissen an ihrer Kleidung, und der Weg war wegen tiefer Klüfte und Schluchten oft unpassierbar. Als sie als allererste Europäer den Grand Canyon zu Gesicht bekamen, standen sie am Rand und bejammerten die Tatsache, daß das kostbare Wasser, das sie suchten, tief drunten und unerreichbar war. Hätten sie den Fluß erreicht, wären sie sicher auf die Havasupai-Indianer gestoßen, die auf den Talsohlen des Canyons kleine Gärten mit Mais, Kürbissen und Bohnen bestellten.

Diese Indianer, zusammen mit anderen kleineren Stämmen wie etwa den Yavapai und den Yumans, setzten die jahrhundertealten Ackerbau- und Sammelgewohnheiten der Bat-Cave-Bewohner fort. Die unweit wohnenden Pima und Papago waren ebenfalls Ackerbauern und Sammler, deren Vorfahren, die Hokohams, schon 600 v. Chr. die Wüste bezähmt hatten mit einem sich über 250 Meilen (400 Kilometer) erstreckenden Netz von Bewässerungsgräben entlang der Flüsse Gila und Salt. Die Hokohams kultivierten eine Viertelmillion Morgen Land. Obwohl langanhaltende Dürren die Hokohams dazu zwangen, ihre großen Siedlungen und Felder um 1450 aufzugeben und zur Gartenwirtschaft zurückzukehren, waren die Pima und Papago nichtsdestoweniger doch im Besitz einer stolzen und uralten Tradition. Um diese Gruppen herumplaziert waren kleine Nomadenscharen mit gutentwickelter Jagdkultur. Diese Leute ware neuere Ankömmlinge in diesem Gebiet, die aus dem hohen Norden eingewandert waren. Es waren dies die Apachen und die Navajo.

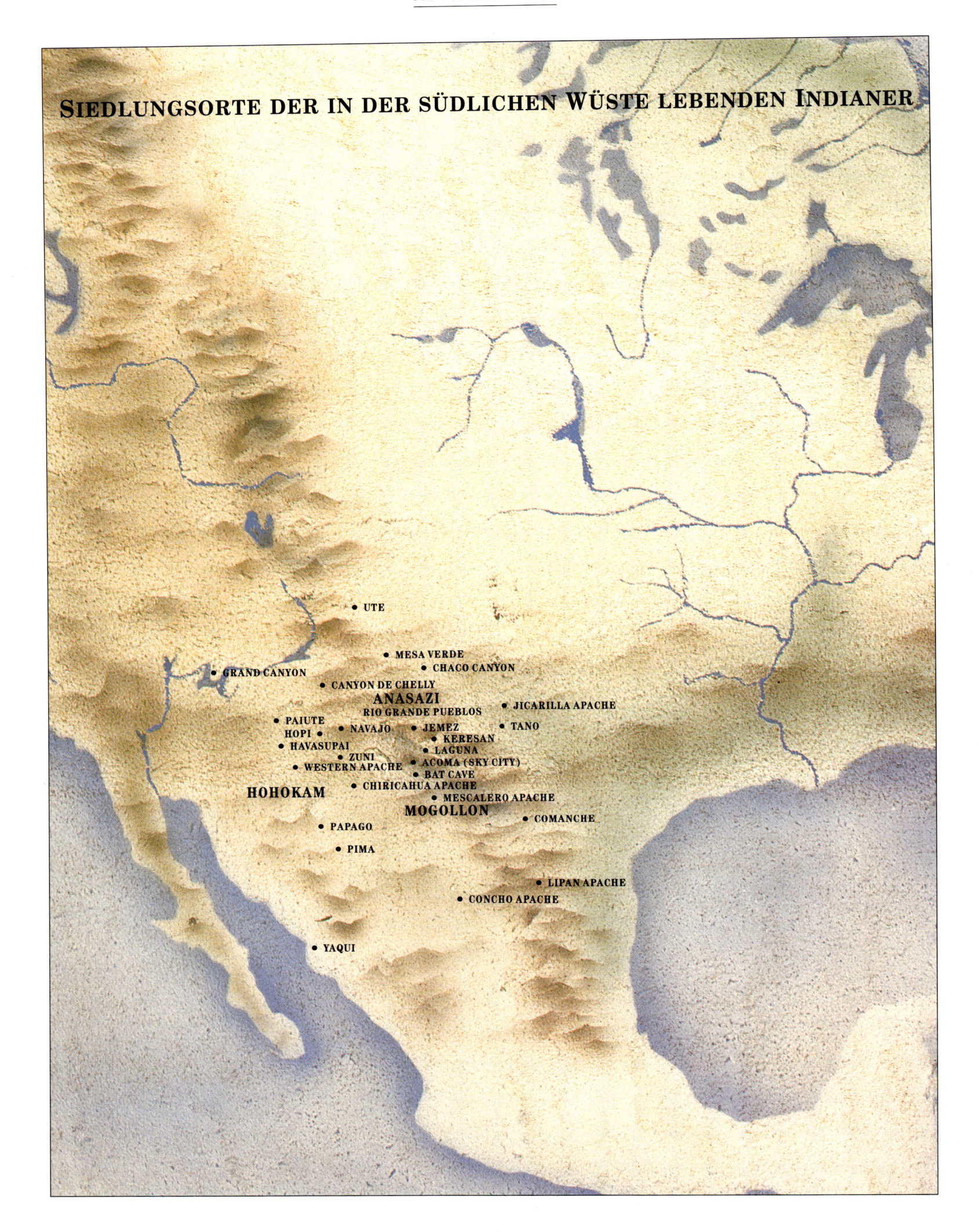

SIEDLUNGSORTE DER IN DER SÜDLICHEN WÜSTE LEBENDEN INDIANER

- UTE
- MESA VERDE
- CHACO CANYON
- GRAND CANYON
- CANYON DE CHELLY

ANASAZI
RIO GRANDE PUEBLOS
- JICARILLA APACHE
- PAIUTE
- HOPI
- NAVAJO
- JEMEZ
- TANO
- KERESAN
- HAVASUPAI
- LAGUNA
- ZUNI
- ACOMA (SKY CITY)
- WESTERN APACHE
- BAT CAVE

HOHOKAM
- CHIRICAHUA APACHE
- MESCALERO APACHE

MOGOLLON
- PAPAGO
- COMANCHE
- PIMA

- LIPAN APACHE
- CONCHO APACHE

- YAQUI

Die spanischen Berichte aus jener Zeit betonen die Härte und Schwierigkeit des Südwestens und vergleichen dies mit den trockenen, gebirgigen Gebieten ihres eigenen Heimatlandes. Für die Leute jedoch, die dort lebten, hatte das Land eine tiefere und generell weitaus segensreichere Bedeutung. Seine Klüfte und Schluchten waren keine unpassierbaren Barrieren, sondern vielmehr Ausdruck der Kräfte, von denen sie geschaffen und geformt worden waren. Seine Sandsteinsäulen und merkwürdigen Felsformationen waren Plätze, an denen die Gottheiten das Lebensnetz herunterließen. Seine Farben waren die Inspiration für Webarbeiten und Körbe, und seine Strenge und Disziplin waren dauernde Erinnerung dafür, daß der Mensch größeren Mächten unterworfen ist.

EINE LANDSCHAFT DES LICHTS

Obwohl die verschiedenen Stämme Lebensweisen hatten, die von festansässiger Landwirtschaft bis zu nomadischem Jägertum und Sammlertum reichten, waren sie doch alle zutiefst beeinflußt von den Mesas, Canyons und den endlosen Halbwüstenlandschaften des Südwestens. Dieses Land ist ein Land des reinsten Lichtes, in dem Farbe und Form scharf umrissen und in plötzlichem Kontrast geworfen sind, wenn man abrupt vom Sonnenlicht in den Schatten tritt. Dies drückt sich auch in solch kühnen und kräftigen Kunstformen wie den Navajo-Decken aus, auf denen geometrische Muster die Form der Mesas wiedergeben und das Band des Volkes zum Land verstärkten. Als die Spinnenfrau den Navajo-Frauen zuerst das Weben beibrachte, tat sie das, indem sie ihre eigenen Muster nach Himmel und Erde, Sonnenstrahlenbündeln und Felskristallen, Blitz und Regen schuf. Jede Navajo-Decke erkennt diese ursprünglichen Elemente an und erschafft sie wieder aufs neue.

Pueblo-Töpfer nahmen Ton vom Boden und modellierten daraus Schalen, Krüge und Ollas (Töpfe), auf denen sie Muster von erstaunlicher Delikatheit schufen. Regenbogen, Wolkensymbole und Libellen, ebenso wie die größeren Tiere des Südwestens, sind dargestellt mit langsamen, gemessenen Linien, die die Muster mit einer spirituellen Qualität erfüllen und ihnen eine heilige Bedeutung verleihen. Bild und Hintergrund sind manchmal absichtlich durcheinandergebracht, um die Ganzheit der Natur widerzuspiegeln und als Mittel dafür, die Essenz dessen einzufangen, was die Erde und das Volk aneinanderband.

Obwohl die Pima, Papago und Apachen nur wenig Weberei und Töpferei betreiben, benutzten sie die verschiedenen Rinden und Gräser des Landes zur Herstellung von Körben. Auf einigen Körben zeigen Mäander und Spiralmuster, die die Bewegung von Flüssen ausdrücken, die visuelle Anerkennung der lebensspendenden Qualität des Wassers an und spiegeln seine Bedeutung in einem trockenheißen Raum wider. Solche Körbe sind bemalt mit den Farben der Wüste, und die Genauigkeit ihrer Muster und der komplizierten Verwebung vereinen die natürlichen Materialien mit den Handbewegungen der Korbmacher. Es ist beinahe unmöglich, solche Gegenstände anzuschauen, ohne nicht etwas von der ruhigen Stetigkeit, die sie hervorbrachte, zu verstehen.

DIE GEISTER

Jede Decke, jeder Topf oder Korb ist eine Aussage über die Kontinuität zwischen Gegenstand und Land oder über die enge Beziehung, die zwischen den Menschen und den Ressourcen, die ihr Land ihnen zu bieten hatte, bestand. Die Mächte, die diese Beziehung beherrschten, waren nie weitentfernte, unnahbare Elemente, die nur durch Ritua-

Acoma-Töpferei. Ollas, spätes 19. Jh. Die Töpfe zeigen einen geometrischen Stil, der sich im Laufe Tausender von Jahren wenig verändert hat. Acoma-Frauen sind berühmt für ihre Dünnwandtöpfe, die in der Rollentechnik gemacht sind, wobei Tonrollen nacheinander aufeinandergelegt und am Schluß ausgeglättet werden.

Topf, Chaco Canyon, ca. 1000 n. Chr. Dieser schöne Topf kommt von alten Pueblo und zeigt eine Vogelfigur.
Chaco Canyon, Nordwestmexiko, hatte einen Komplex von Stadtsiedlungen, deren Anasazi-Bewohner geschickte Töpfer waren.

DIE PIMA UND PAPAGO

Die Geschichte der Pima und Papago im Südwesten ist mindestens so alt wie die der Pueblo. Aber sie waren den Ideen anderer Völker gegenüber aufgeschlossener. Sogar ihre Hohokam-Vorfahren teilten sich oft ihre Siedlungsorte mit den Anasazi-Ahnen der Rio-Grande-Pueblo und den Mogollon-Ahnen der Zuni. Die Hohokam übernahmen den Gebrauch der *Kiva* von den Anasazi, was darauf schließen läßt, daß sie rituelle Vorstellungen auch übernahmen. Sie benutzten auch Ballspielfelder ähnlich denen in Mexiko. Andere Einflüsse sind sichtbar in der Struktur ihrer Städte, wo eine Zentralsiedlung als administratives und religiöses Zentrum für eine Anzahl umliegender Randgemeinden dient.

Wie die Pueblo-Indianer, so waren auch die Pima und Papago im wesentlichen nicht aggressive, sondern ruhige und fleißige Stammesgruppen, die sich stark auf Landwirtschaft verließen, die sie durch Gelegenheitsjagd ergänzten. Ihre Häuser befanden sich anstatt an den Canyonrändern

DIE WÜSTENBEWOHNER

Pima-Papago-Körbe, ca. 1900. Sowohl die Pima als auch die Papago stellten die Kräfte des Wassers in ihren Korbwaren dar, indem sie geometrische Muster benutzten, die das Fließen der Flüsse nachzeichneten. Nach 1900 ging die Tendenz in Richtung naturalistischer Formen. Der größere Korb hier ist von den Pima, der kleinere von den Papago.

Pima-Papago-Frauen. Das Pima-Papago-Leben drehte sich um die Produkte der Flußbänke und die verschiedenen Samen, Wurzeln und Beeren, die diese hervorbrachten. Die Frauen im Bild benutzten große Tragekörbe, um das, was sie gesammelt haben, ins Dorf zurückzutragen.

oder auf den Mesas, immer oberhalb von Flüssen, die durch die Canyons flossen. Diese Flüsse ermöglichten großen Flächen von Schilfrohr und Tule (einer großgewachsenen Art von Rohrkolben, die nur in dieser Region vorkommt) das Wachstum. Daraus konnten Häuser, Matten und Körbe gefertigt werden. Die Flüsse unterstützten auch das Wachsen von Gräsern, Weiden, Yuccas, Teufelskrallen und Sumach, die alle dazu verwendet wurden, außerordentlich feine Muster von Licht und Schatten in den Korbwaren, für die diese Stämme berühmt waren, zu schaffen. Während die Gegenstandskultur der Pueblo ihren allerhöchsten Ausdruck in der Töpferei aus der Tonerde des Südwestens fand, ist sie bei den Pima und Papago beinahe ausschließlich durch Produkte der Flußufer verwirklicht. Die Abhängigkeit vom Fluß spiegelt sich auch im Eigennamen der Pima wider, Akheemultootam, was „Flußvolk" bedeutet.

VERMISCHUNG DER KULTUREN

Tief in den Canyons, geschützt vor den rauheren Extremen des Südwestens, herrscht ein Gefühl der Isolation, da die steil aufragenden Canyonwände eine Barriere darstellen gegenüber dem Leben, das sich hinter dieser Abgrenzung abspielt. Für die Pima und Papago war damit verbunden sowohl ein Gefühl der Sicherheit als auch ein Bedürfnis, auf Reisen zu gehen, um den Kontakt mit anderen Gruppen aufrechtzuerhalten. Solche Faktoren schaffen eine Gesellschaft, die dauernd in Bewegung ist, eine Gesellschaft, in der sowohl soziale als auch rituelle Aspekte sich auf andere Völker als auch auf das eigene Volk beziehen. Ein Fremder ist ein willkommener Bringer von Neuigkeiten und Ideen von draußen und weniger ein Eindringling, dessen andere Ansichten die festgefügte Ordnung durcheinanderbringen.

Wegen dieser Offenheit war die Gesellschaft der Pima und Papago facettenreich. Maskierte Tänze ähnlich derer der Pueblo wurden abgehalten, aber nach der Ankunft der Europäer wurden sie umorganisiert, um an den spanischen Festtagen und zu Ehren der Heiligen aufgeführt zu werden. Das ergab eine merkwürdige Mischung, bei der jahrhundertealte Traditionen der Hohokam sich vermischten mit einem Glauben, der von Mexiko ausging, von anderen Stämmen des Südwestens und von Europa. Als Apachenstämme vom Norden her einwanderten, was in Konflikten und periodisch auftretenden Kriegshandlungen endete, nahmen die Pima und Papago einige Apachen in ihre Mitte auf und mit ihnen neue Ideen.

DIE APACHEN

Die langsame Wanderung der Apachen nach Südwesten, die beinahe 500 Jahre gedauert hatte, war zur Zeit der spanischen Ankunft beinahe zu Ende. Die am besten bekannten Apachenstämme waren die Jicarilla, Mescalero und Chiricahua, aber daneben gab es noch Dutzende kleiner, unabhängiger Gruppen, die alle Dialekte der Athapascan-Sprache sprachen. Sie brachten ein Glaubensset mit sich, das sich von dem der Pima und Papago sehr deutlich unterschied. Diese Glaubenssätze kamen aus den Nordwäldern der kanadischen Heimat der Apachen, wo Ackerbau unmöglich und das Volk von den Fangergebnissen der Jagd abhängig war. Der Lebensstil der Apachen hatte nicht den sich wiederholenden langsamen Zyklus der Ackerbauern; die Jagd erforderte eine völlig andere Vorgehensweise, bei der lange Wartezeiten mit Monaten extremer Aktivität belohnt werden konnten. Auch weil die Jagd eine oft einsame Betätigung war, legten die Apachen großen Wert auf Individualität und persönliche Entscheidungen, mehr so als die Pueblo-Indianer taten, bei denen jede Handlung als Stärkung des Zusammenhaltes innerhalb des Stammes verstanden wurde.

Kein Mitglied eines Apachenstammes war formell gebunden an irgend etwas, was sich nicht auf freie Wahl stützte. Dies negiert nicht die Solidarität der Familienverbände, noch vermag es die Einflüsse zu widerlegen, die ausgeübt werden von engen Verwandten, die man um sich wußte, noch war widerlegbar, daß durch das Sprechen eines bestimmten Dialektes der Apachensprachen Einfluß

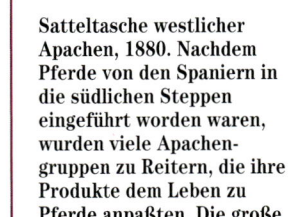

Satteltasche westlicher Apachen, 1880. Nachdem Pferde von den Spaniern in die südlichen Steppen eingeführt worden waren, wurden viele Apachengruppen zu Reitern, die ihre Produkte dem Leben zu Pferde anpaßten. Die große Satteltasche hier weist Ausschnitte im ungegerbten Leder über rotem und schwarzem Tuch auf, die zur Musterbildung dienten.

Vorratskorb der Apachen, 19. Jh. Apachenstämme handelten regelmäßig mit den Pueblo und tauschten Jagd- gegen Feldprodukte. Eingehandelter Mais wurde in großen Vorratskörben aufbewahrt wie der hier abgebildete, die bis zu einem Meter hoch sein konnten.

ausgeübt werden konnte. Nichtsdestoweniger verhinderte dieser Mangel an formaler Bindung die Gründung einiger hochentwickelter Stammesstrukturen. Dem Stamm stand es offen, dem Anführer zu folgen, den er gewählt hatte, was zur Folge hatte, daß die Apachengruppen klein und mobil blieben, zusammengesetzt aus Leuten mit einem starken Gefühl der Unabhängigkeit und individueller Freiheit.

Die Jagdwirtschaft der Apachen schrieb vor, daß sie nomadisch blieben und den Wanderwegen der Tiere folgten, von denen sie abhängig waren. Es brachte auch ein Element aggressiver Reaktionen mit sich. Dies wurde deutlich in ihrem Kontakt mit den Spaniern, die Pferdeherden nach Santa Fé mitbrachten. Die Apachen überfielen die Herden und wurden die ersten Pferdehalter der amerikanischen Indianerstämme, was sie in die Lage versetzte, ihre Jagdgründe auszuweiten. Diese Expansion führte zu beginnenden Einflüssen durch Stammesgruppen an der Peripherie des südwestlichen Gebietes.

Die Apachen waren ein fortschrittliches Volk, das bereitwillig neue Trends übernahm und sie in seine kulturelle Sicht integrierte. Apachenkleidung, z.B., wurde oft aus Hirschleder gemacht und mit langen Fransen verziert, was eigentlich eher mit den Steppenstämmen assoziiert wird. Einige Gruppen, wie etwa die Jicarilla- und Kiowa-Apachen, übernahmen das Tipi als Behausung anstelle des traditionell buschbedeckten Wickiup. Gleichzeitig jedoch stellten sie ihre eigenen, superb ausgeführten Korbwaren her, die sich leicht vergleichen lassen mit denen der Pima und Papago, was ihre Qualität betrifft. Sie schlossen große Tragekörbe und Vorratskörbe mit ein, in denen Getreide aufbewahrt wurde.

Ganstänzer der Apachen. Gans oder Berggeister sind Apachengeister, die zu den Menschen zurückkehrten, um Segen zu überbringen. Bei ihrer Rückkehr trugen die sie darstellenden Tänzer charakteristische Kostüme. Die Kopfputze enthielten Symbole, die mit Regen assoziiert wurden, eine vitale Lebenskraft in den trockenheißen Südwestwüsten.

DIE MYTHOLOGIE DER APACHEN

Obwohl die Wüstenumgebung des Südwestens sich sehr von ihren Heimatwäldern unterschied, paßten sich die Apachen schnell an und fügten einer sowieso schon reichen Mythologie neue Elemente hinzu. Ihre Mythologie erzählt von ihrer Suche nach einer Heimat, bei der sie unterstützt werden von den Zwillingskriegsgöttern, die die Erde bereisten und die Monster vernichteten, womit sie die Grenzen der Welt festlegten und Gebiete schufen, in denen Menschen gedeihen konnten. Es sind dies Geschichten einer phantastischen Reise, die unterstützt wird von Spinnenfrau und den anderen Gottheiten und die dann mit einer farbenfrohen und lebendigen Sicht einer oftmals schwierigen Realität verquickt wurden. Es sind die Sagen von Änderfrau, die durch unaufhörliche Erneuerung, Änderung und Verjüngung die dominierende Gottheit ist, die die Essenz des Gedankengutes der Apachen symbolisiert.

Für den Apachen war die Welt in unaufhörlicher Bewegung. Es gab kein Verlangen, sie zu einem statischen Mittelpunkt zu bringen, und viele ihrer Rituale und Glaubenssätze konzentrierten sich auf Elemente, die unmittelbar und spontan waren. Wenn ein Apache „für ein Pferd sang" und vom Sonnenkettenzaum erzählte, sang er nicht, um etwas zu erhalten, sondern um etwas zu feiern. Er erzählte von der dem Zaum von der Sonne verliehenen Macht, die aber erst durch seine Erkenntnis und Teilnahme an der Freisetzung der Sonnenenergie dort hineingegeben wurde. Sein Pferd war ein Teil des Landes, sein Atem die Luft der Wüste, seine Leichtfüßigkeit die des Windes. Dem Apachen schien es die gleiche Luft zu sein, die die Menschen und die Mesas schuf, dieselbe Macht wärmte ein Sandkorn und gab den Menschen Energie.

Sogar ihre Hauptgottheiten, die Gans oder Berggeister, haben eine Unmittelbarkeit, die recht verschieden ist von irgend etwas, das anderen Gottheiten der Region eigen ist (obwohl die meisten Forscher des Südwestens den Ursprung der Geister der Apachen nachdrücklich in den Pueblo sehen wollen). In der Stärke der Gans versinnbildlicht sich die Erhabenheit der Wälder und die allgegenwärtige Macht der Wüste. Beide Landschaftsformen wurden durch den Bären bzw. die Schlange verkörpert. Jedenfalls sind die Gans so sehr Teil des Südwestens wie die Kachinas, und sie entspringen den scharfen Konturen des Landes und nomadischen Bedürfnissen und nicht so sehr aus einem Verlangen, konstante, gleichförmige Muster zu schaffen, wie das so lebenswichtig für die Ackerbauern ist.

DIE TÄNZE DER GANS

Die Berggeister tanzten nur bei Nacht, vor riesigen Feuern, die sie stetig von Beleuchtung in Schatten werfen. Wenn sie auftauchen, so ist atemloses Bewußtsein ihrer unheimlichen Macht zu spüren. Ihr Tanz ist suchend, und sie kommen aus allen vier Himmelsrichtungen und nähern sich dem Feuer von Osten, Süden, Westen und Norden. Sie stoßen Schreie aus, die das Echo der Vergangenheit tragen, und sie haben eine urzeitliche Einfachheit und Direktheit, die eine Saite des Unbewußten zum Klingen bringen tief im eigenen Erkennen.

Durch die Aufführung erleben die Menschen erneut den Ursprung der Apachen und die Wanderungen ihrer Vorfahren. Der Segen, den die Berggeister zurücklassen, wird durch die Frauen des Stammes weitergegeben. Sie umzingeln die Geister in einem sich langsam bewegenden Kreis, der am Lichtrand des Feuers getanzt wird. Es gibt jedoch auch Mahnungen, daß die Berggeister nicht ganz so allmächtig sind. Ein Clown begleitet sie. Ihnen nachfolgend, schüttelt er Rasseln und äfft ihre Bewegungen auf lustige und groteske Weise nach. Und doch ist er der heiligste Tänzer, da er die Berggeister bewacht und negative Einflüsse von ihnen fernhält, indem er sie daran hindert, den Kreis zu betreten.

Der Gegensatz zwischen Ernst und Humor kennzeichnet vieles am Apachenleben, und Besucher ihrer Zeremonien sind oft überrascht und manchmal auch geschockt, zutiefst religiöse Rituale neben sozialen Tänzen, Wettspielen und Pferderennen ablaufen zu sehen. Doch der Widerspruch ist im Denken des Besuchers, dem es nicht gelungen ist zu sehen, daß das Bedürfnis zum Feiern und Freuen dem Apachen genauso heilig ist wie der genuschelte Singsang des Schamanen (oder Medizinmanns), während er farbigen Sand auf die Erde streut, um daraus ein heiliges Standbild zu machen. Die Feierlichkeiten sind eine Affirmation des Lebens und keine Respektlosigkeit den Ritualen gegenüber.

Apachenkappe, 19. Jh. Diese Kappe aus weißem Hirschleder ist mit Farbe und Eulenfedern dekoriert. Unklar ist, ob sie von einem Mädchen während der Menarchezeremonie oder von einem Krieger getragen wurde, aber die Bemalung steht in Zusammenhang mit der Blitzschlange, den Sternen und dem Himmel.

DIE NAVAJO

Unter den vielen Apachengruppen gebührt ihnen eine gesonderte Erwähnung, weil sie eine Identität geschmiedet hat, die völlig anders ist als die aller anderen Apachengruppen. Ursprünglich waren sie nur eine kleine Gruppe, von den Spaniern die Apaches de Nabaju genannt, weil sie zuerst in der näheren Umgebung einer verlassenen Pueblo-Siedlung dieses Namens gesehen wurden. Heute sind sie der größte nordwestamerikanische Indianerstamm und besitzen ein Reservat, das halb so groß ist wie England. Es sind die Navajo. Auch sie nahmen neue Ideen auf, die dann mit ihren eigenen Glaubenssätzen und gegenständlichen Ausdrucksformen verquickt wurden, um so Kunstformen zu schaffen, die einzigartig ihre eigenen sind. Die Navajo-Decke mit ihren kühnen Farben und Mustern ist vielleicht ihr bestbekanntes Artefakt und könnte nicht mit den Decken und Webereien anderer Stämme verwechselt werden. Dennoch war das Weben eine von den Pueblo gelernte Fertigkeit, und die Wolle dazu kam von Schafen, die von den Spaniern in diese Gegend eingeführt worden waren. Die Einzigartigkeit der Decken liegt in der Tatsache begründet, daß die in den Mustern ausgedrückten Glaubenssätze der Navajo auf einen uralten Ursprung zurückgehen, der außerhalb des Südwestgebiets liegt, sich aber gleichzeitig der Wüstennatur verpflichtet sieht.

Die Navajo-Familien nahmen eine andere Lebensweise an als alle anderen Apachen. Viele der Grundstrukturen, wie etwa ausgedehnte Familiengruppierungen und Sippen anstelle von Stammesverbund, blieben erhalten. Aber ihre Schafherden machten aus Primärjägern Hirten, obwohl die Jagderträge immer noch wichtig waren. Sie fingen an, Pfirsichobstgärten anzulegen auf den flachen Talebenen des großartigen Canyon de Chelly und betrieben begrenzt Ackerbau mit anderen Feldfrüchten.

Navajo-Sonnenbandsilberzaum, ca. 1870. Die Navajo benutzten wertvolles Metall, um die Zügel zu verzieren, schon seit ihrem ersten Kontakt mit den Spaniern. Pferde und Silber handelten sie ein. Erst 1850 jedoch lernten sie die Silberschmiedetechnik von den Mexikanern. Schon 1870 war ein eigenständiger indianischer Stil entstanden.

Navajo-Serape (Umhangsdecke), 1860. Diese Moki-Stil-Serape enthält eine Mischung aus handgesponnenen und gefransten Garnen. Der Hintergrund ist in Naturbraun und indigoblauen Streifen gewoben, auf der sich rautenförmige Motive aus gekämmten und gefransten Bayetagarnen befinden. Obwohl von Frauen gewebt, wurden sie nur von Männern getragen.

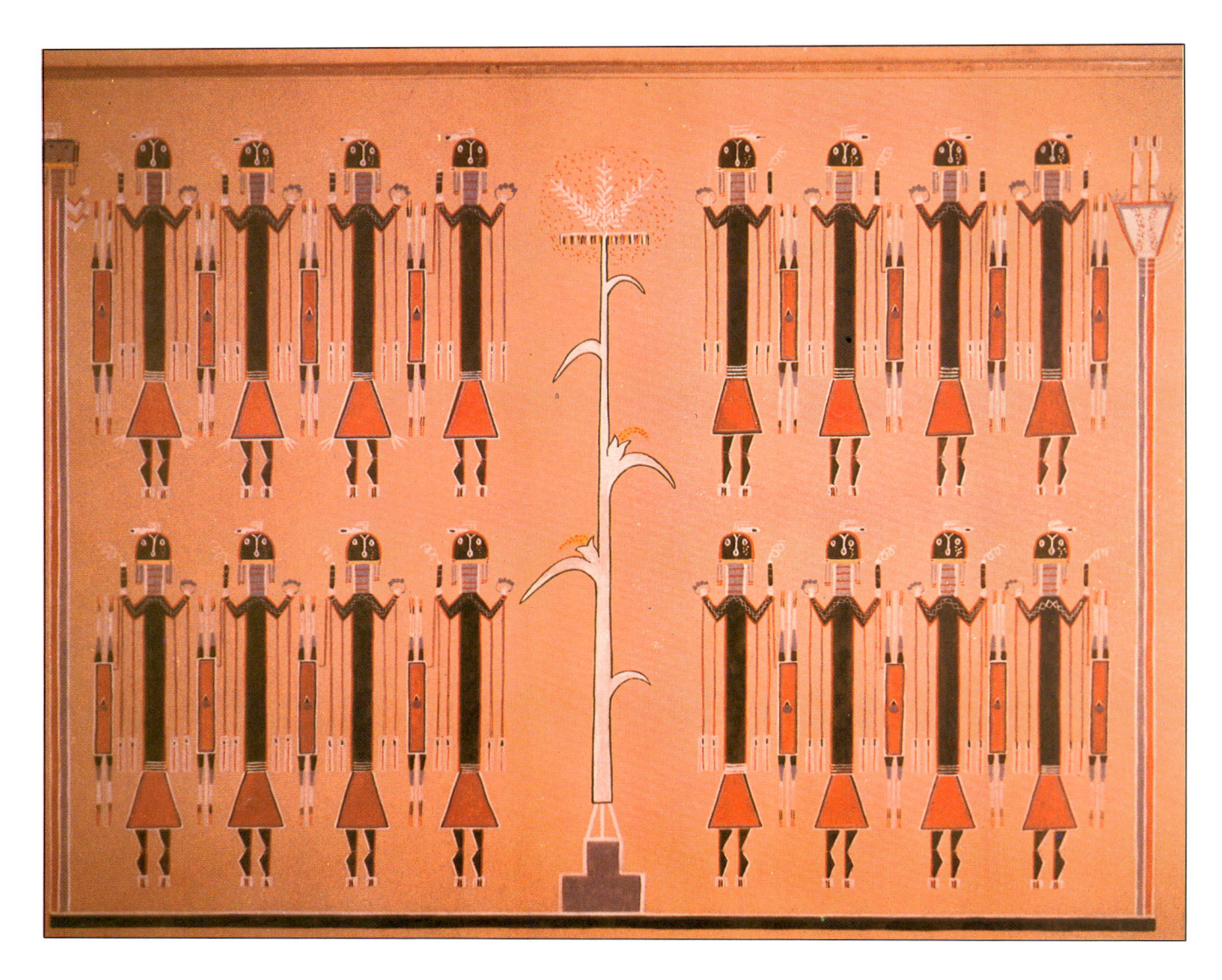

Trotz dieser Veränderungen blieben die Navajo ihrem Wesen nach ein Nomadenvolk. Ihre achteckigen Stab- und Buschunterkünfte oder Hogans, waren so weit verstreut, daß Kontakte zwischen den einzelnen Familien längere Reisen bedeuteten. Trotzdem hielten sie diese Gemeinschaften aufrecht und besuchten andere Hogans regelmäßig, wobei sie es auf einzigartige Weise verstanden, das Bedürfnis des Hirten nach Nähe zu seiner Herde und seinen Feldern mit dem des Nomaden nach Reisen zu vereinen. Man kann auch heute noch einem Navajo begegnen, der zielstrebig auf ein entferntes Ziel zuschreitet durch ein Gebiet, das nicht das geringste Zeichen sichtbarer Behausung zeigt.

Die wichtigsten Gottheiten der Navajo, die Yeis, sind, obwohl sie viel mit den Kachinas und Gans als altüberkommene Mächte gemeinsam haben, die im allgemeinen nicht mit den Menschen zusammenlebten, doch anders definiert. Sie werden in einer speziellen Kategorie von Decke dargestellt, der Yei-Decke, wo sie oft als von Regenbogen umgeben gezeigt sind. Die Yeis erscheinen unter dem Volk erst am achten Tag eines langatmigen Singsangs, der bekannt ist als Nachtweg oder Yeibichai. Sie unterrichten dann alle Kinder in den Mysterien der Geisterwelt. Am Ende ihres Erscheinens nehmen sie ihre Masken ab und enthüllen, daß sie letztendlich menschlich sind und daß die Welten der Menschen und der Geister nicht nur einfach nebeneinanderher existieren, sondern letztendlich dieselben sind.

Sandgemälde, Navajo. Dieses Sandgemälde aus dem Navajo Yeibichai, oder Nachtweggesang, stellt die 16 Schwarzfeuergötter dar. Schamanen stellten Sandgemälde aus farbigen Erden und Maismehl her, um einen „Altar" zu bilden für kunstvolle Heilrituale.

Navajo-Weber, ca. 1890. Navajo-Weberei fand auf einem senkrechten Webstuhl statt, der schnell und mühelos auf- und abgebaut werden konnte.

Navajo-Kleid, 1880. Obwohl Navajo-Decken von Männern getragen wurden, wurde die gleiche Webtechnik für die Herstellung der Frauenkleider benutzt. Das aus zwei Teilen bestehende Kleid hier ist ein hervorragendes Beispiel und zeigt das starke graphische Gefühl, für das die Navajo-Weber bekannt sind.

DIE WÜSTENBEWOHNER

DIE WÜSTENBEWOHNER

Navajo-Decke

Kürbisblütenhalskette, Navajo, frühes 20. Jht. Mit dem Aufkommen ausgeprägter Silberarbeitsstile nach 1870 entstanden generische Schmuckgruppen. Eine davon war die „Kürbisblütenhalskette", so benannt nach den glockenförmigen Anhängseln am Halsband.

San-Ildefonso-Platte, ca. 1925. Ein seltenes Beispiel der Töpferei von Maria und Julian Martinez. In den frühen 20ern versuchten die Martinez, die Schwarzkeramik der San-Ildefonso-Pueblo wieder zum Leben zu erwecken, die man nur von archäologischen Fragmenten kannte. Diese Platte ist eines der besten Beispiele für einen Töpferstil, für den San Ildefonso heute berühmt ist.

Silber- und Türkisring, Navajo, ca. 1930. Schon in den 20ern benutzten die Navajo Halbedelsteine in ihrem Silberschmuck. In frühen Beispielen ist der Stein ungeschliffen, und seine Form ist in das Design einbezogen, wie in diesem prächtigen Ring, der einen einzelnen Türkisstein besitzt, dessen Länge fast 4 cm mißt.

DIE KRÄFTE DES LANDES

Obwohl ihre Lebensweisen und Anschauungen sich oft stark unterscheiden, fühlten doch alle Völker des Südwestens, daß sie innerhalb des Landes und nicht nur einfach darauf lebten. Als natürliche Teile ihrer Lebensumgebung drückten sie durch ihre Mythen, Rituale und Kunst diese Kräfte aus, die im Land enthalten sind. Macht – im indianischen Sinn als persönliches und kollektives Unterbewußtsein – kommt aus dem Verstehen und der Anerkennung dieser Kräfte. Sie ist eingekleidet im Muster und der Weberei von Körben und Decken und in den Bildern auf Töpferwaren. Es ist die gleiche Macht, die rituell konzentriert und durch das Medium Sandgemälde gerichtet wird. Diese Sandgemälde werden gemacht als Teil einer langen Reihe von Singsangs ungeheurer Komplexität. Während des Malprozesses wird Energie konzentriert als Hilfsmittel bei der Wiederherstellung der Harmonie. Keine dieser gegenständlichen oder rituellen Manifestationen kann wirklich geschieden werden vom kollektiven Verständnis des Volkes, das sie hervorbringt, noch können sie getrennt werden vom Land, von dem sie inspiriert sind.

Silberohrringe, Hopi. Die Arbeiten der Navajo-Silberschmiede beeinflußten andere Gruppen im Südwesten. Hopi-Handwerker zum Beispiel wandten die „Schichten"-Methode an, bei der eine dünne Silberfolie durch Oxidation geschwärzt und dann unter eine zweite Folie mit Ausschnitten gearbeitet wurde.

Eine Reihe südwestlicher Armreife. Die hier abgebildeten Armreife variieren im Datum von sehr frühen Beispielen bis zu einem, der 1990 hergestellt wurde. Sie illustrieren die Stabilität und Kontinuität, die so sehr Teil des südwestlichen Lebens war. Diese Stabilität ermöglichte es den Gruppen, viel von ihrer Tradition beizubehalten.

ZWEITES KAPITEL

Der hohe Norden

DIE ESKIMO

Der extreme Norden scheint nicht in der Lage zu sein, Leben zu erhalten. Seine Aussicht sind große Strecken Schnee. Die Landschaft bewegt sich, wenn arktische Winde den Oberflächenschnee packen und ihn in dichten, undurchdringlichen Schneestürmen herumwirbeln und eine weiße Wand schaffen, die alles verbirgt, was hinter ihr liegt. Wenn die Winde nachlassen und die Sicht wiederhergestellt ist, sind Bergschneebänke verschwunden, die dauerhaft schienen, während neue sie an unvertrauten Stellen ersetzt haben. Die Sicht ist weiter eingeschränkt durch die Winternacht – nahezu sechs Monate lang geht die Sonne niemals auf. Im Sommer weigert sich die Sonne unterzugehen, obwohl die Sommersaison kurz ist und nur knappe sechs Wochen dauert. Vorstellungen von Raum und Zeit sind hier dramatisch anders. Dieses Land der Undauerhaftigkeit und der bitteren Kälte ist die Heimat der Eskimo-Aleut, einem Volk, das am Rande der bewohnbaren Welt lebt. Die Eskimo und Aleut teilten ein gemeinsames Kulturerbe und sprachen Dialekte der gleichen Sprache, aber in weiter Vorzeit trennten sie sich. Die Aleut lebten auf den aleutischen Inseln, während die Eskimo, eine Vielzahl von Dialekten sprechend, von Asien über den Norden des amerikanischen Kontinents bis hin nach Grönland verteilt wurden.

Icy-Cape-Eskimomänner mit Lippenpflock, Alaska, ca. 1880. Die Eskimo legten besondere Bedeutung auf individuellen Status. Bei den westlichen Gruppen wurden hochrangigen Jungen die Lippen beim Erreichen der Pubertät gestochen und ein kleiner hölzerner oder elfenbeinerner Stöpsel durchgezogen. Die Größe dieses Stöpsels wurde erhöht, sowie sie älter wurden und höheren Status erreichten.

Das Eskimoleben läuft fest in der Gegenwart ab. Ihre stetig wechselnde Umgebung läßt keine Bilder der Vergangenheit zurück, noch bietet sie einen Fixpunkt, zu dem man zurückkehren kann. Das Land hat keine erkennbare Geschichte, und es hat wenig Sinn zurückzublicken, weil es keine Fixpunkte gibt, an denen sich ein solcher Blick festmachen könnte. Seine Zukunft ist ungewiß und kann nie ein logisches Fortschreiten von der Gegenwart aus sein, weil die Gegenwart ständig neu definiert wird. In einer solchen Welt müssen die Rituale, Erzählungen und Legenden sich an kürzlichen und gegenwärtigen Ereignissen festmachen. Obwohl die Eskimo nomadisch waren, hatten sie doch nicht die für Nomaden typischen Wandererzählungen. Aufwendige Begräbnisse sind ebenfalls nicht zu finden, da es wenig sinnvoll ist, die Toten zeremoniell unter die Erde zu bringen, wenn der Begräbnisplatz schon bald nicht mehr existieren wird. Genausowenig war es sinnvoll, sich auf eine Zukunft vorzubereiten, die vielleicht niemals anbrechen würde.

Die Grenze zwischen Leben und Tod ist dünn in der Arktis. Die Umgebung erlaubt keine halben Maße und führt so zu gewissen Eskimogewohnheiten, die eine kompromißlose Härte an sich haben. Die Kranken oder Älteren konnten dem

SIEDLUNGSSTÄTTEN DER INDIANER DES HOHEN NORDENS

Eis ausgesetzt zurückgelassen werden, wenn sie zu schwach waren, mit der Gruppe Schritt zu halten. Der Tod würde in einer solch feindlichen Umgebung schnell kommen. Außenstehende sehen Grausamkeit in dieser Praxis, doch waren die Eskimo enge Familien. Ihre Umgebung jedoch verlangte sofortige Reaktionen. Mobilität war von allergrößter Wichtigkeit, und schon eine leichte Verlangsamung ihres Reisetempos während der Versuche, rauhen Wettern zu entkommen oder Nahrungsquellen zu erreichen, konnte bedeuten, daß die ganze Gruppe umkam. Das Opfern der Schwachen war ein tiefer persönlicher Verlust für jedes einzelne Mitglied der Gemeinschaft, aber es wurde diktiert von Notwendigkeit und ausgeführt zum Wohl der Gemeinschaft.

In einem solch trostlosen und unnachgiebigen Land könnte man erwarten, daß die Menschen eine entschlossene und doch resignierte Weltsicht haben. Statt dessen benutzten die Eskimo Lachen und Humor als Gegenmittel zum Ernst ihrer Lage. Berichte von Besuchern ihrer Lager betonen ihren jovialen Charakter und auch, daß Singen, Spiele und Streiche dauernde Aktivitäten waren. Auf manche Weise erhöhte die extreme prekäre Lebenssituation in der Arktis ihr Gefühl für den Wert des Lebens. Lachen und Singen waren Ausdruck dafür, und gute Laune war ein wichtiges Hilfsmittel im Kampf ums Überleben, da sie ein Gefühl von Hoffnung schufen.

BEGRÜSSUNG DES WINTERS

Die Eskimo waren jedoch dem Diktat ihrer Umgebung nicht ganz unterworfen. Obwohl es lebensnotwendig war, Flexibilität auf Tag-zu-Tag-Basis aufrechtzuerhalten, und obwohl Vorausplanen auf lange Sicht von relativ geringer Bedeutung war, waren sie dennoch höchst praktisch, anpassungsfähig und erfindungsreich. Sie brachten es fertig, die Extreme ihres Lebensraumes zu ihrem Vorteil zu nutzen. Zu den unabhängigen Erfindungen der Eskimo zählen die Schneebrillen, Fischspeere mit Widerhaken, Seilzugharpunen, Hundeschlitten, Kajak und Iglu. Bei den westlichen Gruppen wurde der Anbruch des kälteren Winterwetters willkommen geheißen, da er das Leben so viel einfacher machte. Zum Beispiel glitten Schlittenkufen, die mit Wasser gewaschen wurden, das sofort gefror, leichter über den festen Schnee. Das Reisen war schneller als im Sommer, wenn der Tau tückische Stellen dünnen Eises schuf.

Im Zentralgebiet des hohen Nordens wurde das Schneehaus oder Iglu als Winterbehausung genutzt – wieder ein Beispiel dafür, wie die Kälte zum eigenen Vorteil genutzt werden konnte. Indem man den Eingang des neuerrichteten Iglu verschloß und eine kleine Seehundöllampe anzündete, begannen die Verbindungsstellen zwischen den Schneeblöcken, aus denen es errichtet worden war, zu tauen. Wenn der Eingang dann geöffnet wurde, ließ der Einfall der kalten Luft die Nahtstellen wieder gefrieren und schweißte sie zu einer soliden Mauer aus Eis. Leicht höhere Sommertemperaturen störten das Gleichgewicht zwischen der Wärme innen im Iglu und der Kälte draußen, was die Behausung feucht werden ließ. Zu dem Zeitpunkt zogen die Menschen näher an die Küstenlinie und gaben die Iglus auf, die nur wenige Meilen draußen auf jetzt gefährlichem Meereis waren. Sie errichteten Grashütten oder kleine Häuschen, die mit gebrauchten Seehundhäuten bedeckt waren, ähnlich denen, die in anderen Teilen des Eskimogebietes benutzt wurden.

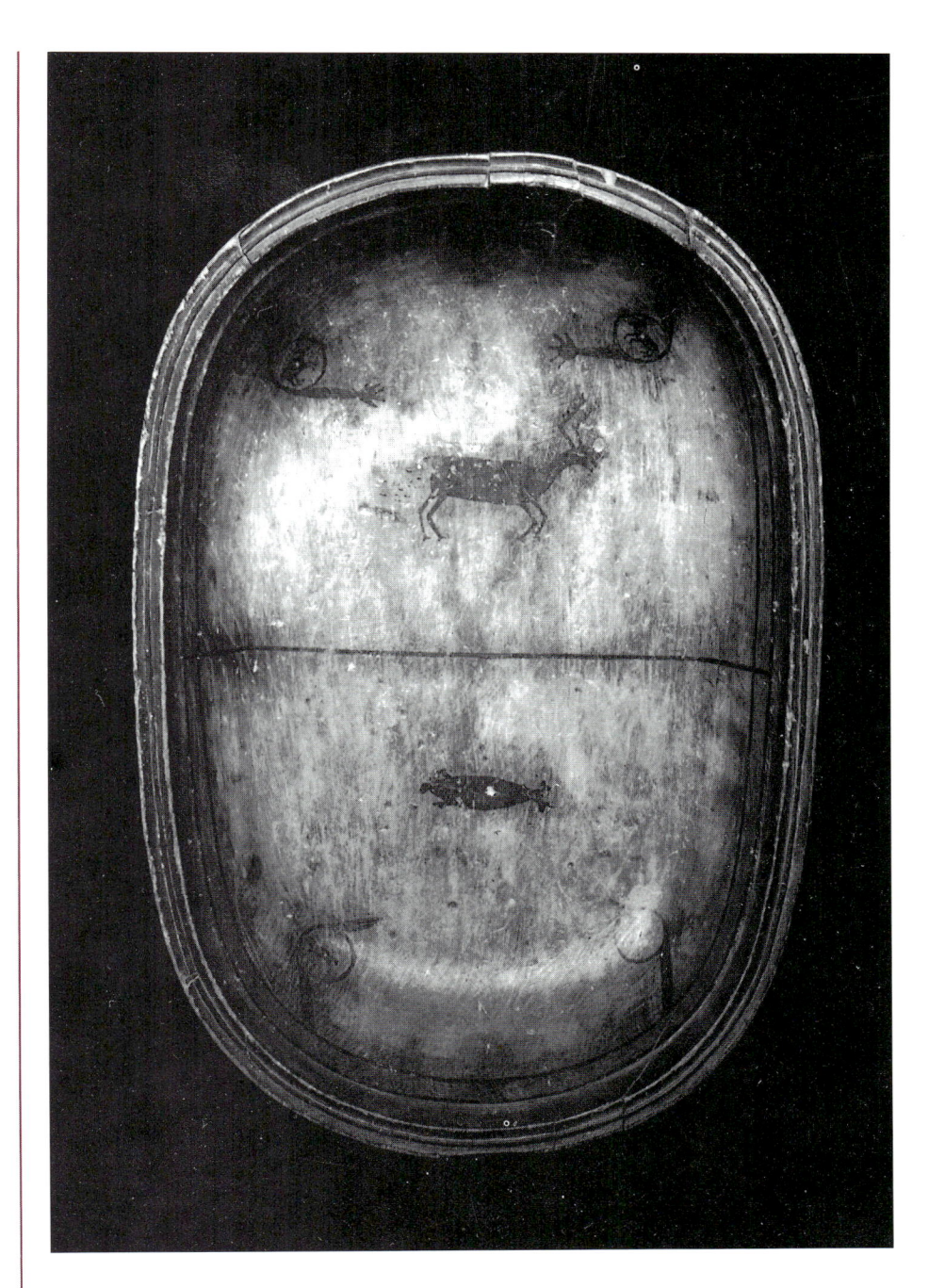

▲▲ **Holzschale, Eskimo, Kuskokwim River, Alaska, ca. 1920.** Aus einem einzigen Fichtenstück geschnitzt, stellt diese Schale die Sommer- und Winteraktivitäten der Kuskokwim-River-Eskimo dar. Die eine Hälfte zeigt ein Karibu, das die Jagdsaison Sommer verkörpert; die andere enthält das Bild eines Walrosses, die hauptsächliche Winterbeute. Diese Schale ist außergewöhnlich groß.

▲ **Elfenbeinamulett, Eskimo, Beringsee/Hocharktis.** Eskimoschnitzer waren hoch begabt, und ihre Arbeiten demonstrieren ein intimes Wissen um Tiere und ihr Verhalten.

SCHUTZ VOR DER KÄLTE

Obwohl die Temperaturen der hohen Arktis den Menschen, die an wärmere Klimata gewöhnt sind, unglaublich bitter vorkommen, war doch die Kälte nie ein ernsthaftes Problem für die Eskimo. Körperwärme konnte mit Hilfe mehrerer Lagen leichter Kleidung aufrechterhalten werden, die die warme Luft auffingen. Seehundöllampen gaben genug Hitze ab, um die Behausungen ausreichend gemütlich zu halten. Weitaus größere Probleme stellten Regen und Wind dar. Wenn die Kleidung naß wurde, sank die Körpertemperatur rapide ab, was zu Unterkühlung und schweren Erfrierungen führen konnte. Die Kleidung war deswegen so gemacht, daß sie vor allem Wärme zurückhielt und Wind und Regen abhielt. Leichtgewichtige Seehunddarmparkas, oft reich dekoriert mit Linienmustern aus Fasern und Federn, waren völlig wind- und wasserfest. Pelzbesatz an der Parkakapuze hielt den Wind aus dem Gesicht und verhinderte dadurch das Gefrieren des sich niederschlagenden Atems. Stiefel aus Seehundhaut oder den stärkeren Karibufellen hatten die Nähte in der Innenseite, um kein Wasser einzulassen.

Wetterfeste Kleidung war besonders lebensnotwendig für einen Jäger, der Stunden damit verbrachte, bewegungslos an einem Seehundatmungsloch zu stehen. Er konnte es sich nicht leisten, klamm zu werden vor Kälte, und mußte auf der Hut bleiben, bereit, den Speer zielgenau zuzustoßen, sobald ein Seehund hochkam. Ein verfehlter Stoß, der nur verwundete, aber nicht tötete, würde es dem Seehund ermöglichen, wieder abzutauchen unter das Eis. Es gäbe keine Möglichkeit, ihn zu verfolgen, und es könnten mehrere Tage vergehen, bis sich eine neue Gelegenheit bieten würde. Im Sommer war die Jagd einfacher. Seehunde, die sich in der Nähe der Küste auf Eisschollen in der Sonne räkelten, konnten von einem schnellen Seehundfangboot, oder Kajak, aus harpuniert werden. Meeressäugetiere, wie etwa Walrösser, die zu groß waren, um sie von allzu leicht kenterbaren Booten aus zu jagen, wurden in größeren Umiaks verfolgt, in dem 10 bis 12 Mann Platz fanden.

Die Ressourcen, von denen die Eskimo abhingen, waren im allgemeinen jedoch eher kärglich; dies hatte zur Folge, daß alles geteilt wurde. Alle Gruppenmitglieder hatten Besitzanspruch auf das Essen, und es kam nie vor, daß einer im Überfluß lebte und ein anderer leer ausging. Überschüsse wurden in Proviantlagern aufbewahrt, die an geschützten Stellen in den Schnee gegraben wurden, wo sie dann gefrieren konnten und so jahrelang genießbar blieben. Obwohl viele Proviantlager unter dem Treibschnee verlorengingen, waren die, die auffindbar waren, jedem Reisenden zugänglich.

GROSSE FESTE

Solches Teilen ist ein Zeichen dafür, daß die Eskimo ein großherziges, großzügiges Volk sind mit einem starken Bedürfnis nach dauernder Freundschaft und Kameradschaft. Die Arktis jedoch bietet zu wenig, um große Bevölkerungen zu erhalten, und so war dann auch die typische Eskimogruppe ein kleiner Verbund, in dem alle durch Blutsverwandtschaft oder Heirat eng miteinander verbunden waren. Das Zentrum ihres Lebens war die Familie, doch im Sommer konnte es vorkommen, daß mehrere Familien zu Feierlichkeiten zusammenkamen, die ohne Unterbrechung tagelang dauern konnten. Große Feste wurden abgehalten, und Wetten, Singen, Tanzen und Wettkämpfe in den Fertigkeiten wurden in einer Atmosphäre sensueller Intimität ausgetragen. Die Selbstvergessenheit war derart, daß frühe Reisende sie als Volk mit wenig Weitblick und noch weniger Moral beschrieben, deren einziges Anliegen es wäre, ihre verschiedenen Leidenschaften und Verlangen unverzüglich zu befriedigen.

UMSICHT UND VORSICHT

Solche Beschreibungen stellen die Festversammlungen akkurat dar, aber dies waren seltene Gelegenheiten, die nur den zeitweisen Ausbruch aus dem Zwang zur Überlegtheit feierten. Den Eskimo war klar bewußt, daß, obwohl das Fest noch eine Woche oder länger dauern konnte, sie dann doch wieder weit verstreut sein würden, und es war sehr wohl möglich, daß sie mehrere Monate lang nur mit den Mitgliedern ihres eigenen Familienverbandes Kontakt haben würden. Wenn Leidenschaft und Verlan-

Seehund- oder Walroßdarmparkas, Handschuhe und Beutel, Aleut, Yukon und Beringstraßegebiet, ca. 1880. Seehund- und Walroßdarm wurde in den westarktischen Gebieten geschätzt zur Verarbeitung zu Kleidern und Vorratsbeuteln. Daraus gefertigte Artikel waren leichtgewichtig und boten absoluten Schutz gegen Wind und Wasser.

Hölzerne Schneebrille, Eskimo. Die Intensität des Lichts, das sich auf großen Schneegebieten spiegelte, zwang die Eskimo dazu, ihre Augen mit Schneebrillen zu schützen. Auf diesem Paar wirft die hervorstehende Leiste Schatten auf die engen Augenschlitze. Grelles Licht wurde weiter abgeschwächt, indem das Innere der Brille mit Holzkohle geschwärzt wurde.

Seehunddarmparka, Aleut/Chuckchi

gen nicht offen und eindringlich bei den Festen ausgedrückt wurden, konnten sie überhaupt nicht mehr ausgedrückt werden.

Den Rest des Jahres über war jede Handlung von Vorsicht geprägt, und jedes Gemeinschaftsmitglied lauschte sorgfältig auf Warngeräusche, die der Wind herantrug, und paßte auf die Warnungen der Schamanen oder Angagkoks auf, da die Anleitungen, die sie anbieten konnten, von den Ratschlägen machtvoller unsichtbarer Geister stammten. Nicht alle Vorhersagen bewahrheiteten sich, aber Schamanen – deren Sinne in hohem Maße auf die Zeichen und Geräusche um sie herum eingestellt waren – lagen oft genug mit ihren Vorhersagen so richtig, daß diese ernst genommen wurden.

GEISTER UND SCHAMANEN

Das Wesen der Geister, die der Schamane kontaktierte, hing ab von der Natur der Schneestürme, wenn nur vage Umrisse, die durch variierende Dichten im getriebenen Schnee geschaffen wurden, erkennbar sind. Diese gaben den Geistern, die gerade außer Sichtweite waren, unbestimmte Form und ließen sich individuell interpretieren. Es waren furchtsame Kreaturen, deren Wesen dem Eis, der Kälte, dem Schneeregen und dem bittern Kälteschauer des Landes entsprang. Ein Schamane war geschützt durch seine oder ihre übernatürliche Macht.

Einige Geister waren weit bekannt und fingen an, einen Status als Hauptgottheiten zu erlangen. Zu ihnen zählten Luft und Mond, die auf einer Maske zusammengestellt sein können, wobei Federn die Sterne und Ringe die kosmischen Ebenen darstellen sollen. Aber keiner der Geister hatte die Universalität von Sedna, der Meeresmutter, dem unsterblichen Kind von Riesenmeltern, die sie auf See aussetzten, als sie ihren unbändigen Appetit nicht mehr befriedigen konnten. Von ihrem Unterwasserreich aus kontrolliert sie die Bewegungen und Wanderungen der Fische und Meeressäugetiere. Sedna kann leicht verärgert werden und dann schreckliche Stürme heraufpeitschen. Sie ist eine furchterregende Kraft, die die Macht besitzt, Eisberge zu zerbersten. Nur die mächtigsten Schamanen würden es wagen, mit ihr während ihrer übernatürlichen Reisen unter den Meeren zu sprechen, wenn sie in der uralten Eskimosprache reden, die nur sie verstehen.

Zum größten Teil jedoch arrangierten sich die Eskimo mit den Geisterkräften auf die gleiche Weise, wie sie das auch mit anderen Facetten ihres Lebens machten: mittels Humor. Treibholzmasken selbst der gefährlichsten Übernatürlichen haben oft ein komisches Aussehen. Die Eskimo legten keine Furcht vor den Geistern an den Tag, sondern akzeptierten sie als Tatsachenelemente ihres Landes; sie waren jedoch vorsichtig im Umgang mit ihnen und geschickt darin, sie auf Distanz zu halten. Kleine Elfenbeinmaskottchen, traditionell getragen als Halskette oder eingenäht in die Kleidung, halfen, negative Einflüsse abzuwehren. Die Maskottchen haben oft eine oder zwei hellblaue Kugeln in der Farbe des arktischen Meeres, die den Lebensatem darstellen und durch die das Maskottchen erst beseelt wird.

Nicht alle Maskottchen wurden jedoch auf diese Weise benutzt. Viele wurden gemacht in der Absicht, einen gutmütigen Tiergeist zu befreien, von dem angenommen wur-

Sonnenblende, Aleut, Mitte des 19. Jh. Die Aleut und südwestalaskischen Eskimo trugen gebogene Sonnenvisiere, wenn sie von Kajaks aus jagten. Dieses Stück ist dekoriert mit Kormoranfedern und hat Elfenbeinschnitzereien, die den höheren Status des Trägers zeigen. Sie sollen die Seehunde und Walrosse beeinflussen, um so den Jagderfolg sicherzustellen.

DIE TUNDRA

Entlang der südlichen Ausläufer des Heimatlandes der Eskimo weichen Eis und Schnee der Tundra. Die Tundra, die sich über das nördliche Drittel Kanadas erstreckt, ist gekennzeichnet von einer Schicht permanent gefrorener Ackerkrumen, auch Dauerfrost genannt, der sich nur ein paar Inches (Zentimeter) unterhalb der Oberfläche erstreckt. Tauwetter im Sommer schaffen ein morastiges Sumpfland, auf dem Gräser, Riedgräser und Flechten Wurzel fassen können. Zu dieser Zeit zieht das Gebiet eine phänomenale Anzahl Wandervögel und großer Karibuherden an. Die Eskimo gingen hier regelmäßig auf die Jagd und kamen mit athapascan- und algonquiansprachigen Indianern der subarktischen Wälder in Berührung, die sich über den Rest Kanadas und Teile Alaskas hinziehen.

de, daß er in der Beschränkung eines Elfenbein- oder Knochenstückes gefangensäße. Der Schnitzer lauschte aufmerksam dem Klang des Windes, wie er über die Umrisse des Elfenbeins wehte, bis schließlich das Wesen des Geistes klar wurde. Mit einem Minimum an Schnitten befreite er dann den Geist, indem er sein Ebenbild schnitzte. Solche Maskottchen können feingliedrige Darstellungen eines Seehundes sein, wie er gerade an die Wasseroberfläche zum Atmen kommt, oder von Polarbären, die in einen Ringkampf verwickelt sind, und sie sind immer mit offensichtlicher Sorgfalt und einem Auge für Einzelheiten ausgeführt. Sobald sie aber ihre Funktion erfüllt hatten, konnten sie auch weggeworfen werden. Sie sind ein passender Tribut an die Unmittelbarkeit des Eskimolebens und an die Notwendigkeit, eine Handlung schnell und präzise auszuführen, dann aber direkt sich mit anderen Dingen zu befassen.

Alkhautmantel, Aleut, Kodiakinseln. Ein frühes Beispiel von Vogelhautkleidung von den Kodiakinseln. Er ist aus den Häuten des großen Alks gemacht und mit Alkschnäbeln, Handelstuch und gedrehten Schnüren versehen, an denen Büschel von Flaumfedern angebracht sind. Er ist beinahe 2 m breit und wurde von einem Mann mit hohem Status getragen.

Hölzerner Schöpflöffel, Ingalik. Dieser Schöpflöffel ähnelt in seiner Form denen der Athapascan-Gruppen, wie etwa den Tanana, obwohl die roten und schwarzen Linien darauf hindeuten, daß er wahrscheinlich von den Ingalik stammt. Hölzerne Artikel wie dieser wurden weit gehandelt und auf das Grab des Besitzers gelegt.

Chagamuits (Chugach), Yupik-Eskimo. Die Chagamuit, oder Chugach, lebten zwischen verschiedenen Kulturräumen, und sie weisen eine verwirrende Vielzahl an Kulturcharakteristika auf. Der Mann hier trägt z. B. einen Flechthut, der große Ähnlichkeit aufweist zu denen der Nordwestküsten-Nootka, hat aber auch etwas an sich, das wie ein Parka nach Art der Eskimo aussieht.

Ottermenschtalisman aus Elfenbein, Chugach. Diese frühe Elfenbeinschnitzerei stellt den Ottermenschen dar, einen hochgefürchteten Übernatürlichen, der gewaltigen schamanistischen Einfluß ausübte. Der Ottermensch ist mit den Völkern der Nordwestküste assoziiert, der Schnitzstil verweist jedoch auf die Chugach, die am Prinz-Wilhelm-Sund lebten.

DIE ATHAPASCAN

Athapascan, vom Algonquian-Cree-Wort für „Fremder", ist eine linguistische Klassifikation, die immer dann benutzt wird, wenn man sich auf eine Anzahl kleinerer Stämme bezieht, die verwandte Sprachen sprachen und sich gegenseitig als Abkömmlinge der Dene oder Tine sahen, „dem Volk". Ihre Territorien lagen westlich der Hudsonbucht. Entlang des Westufers der Bucht und noch eine beträchtliche Entfernung ins Landesinnere hinein waren die Länder der Chipewjan, der größten Dene-Gruppe. Im zentralen Teil des Gebietes lebten die Kaska, Mountain, Beaver, Slavey, Bear Lake, Dogrib und Yellowknife. Weiter westlich, näher bei den Ostausläufern der Rocky Mountains, lebten die Atna, Tutchone, Tahltan, Carrier und Chilcotin. Die Koyukon, Ingalik, Tanana und Kutchin lebten in den Tälern des Yukon und des Mackenzie River und ihren Einzugsgebieten in Alaska. Die südlichsten der nördlichen Athapascan waren die Sarsi, eine kleine Gruppe in Alberta, die sich mit den Schwarzfuß-Indianern der Steppe verbrüdert und eine Nomaden- und Büffeljägerkultur angenommen hatten.

Köcher, wahrscheinlich Tanana. Die gemalten Figuren sind Tiere und Jäger, das einzige mysteriöse Tier ist die „käferartige" Kreatur oben in der Mitte des Köchers. Es gibt Gründe dafür anzunehmen, daß dies ein „mythisches" Unwesen ist, das aufgemalt wurde, um dem Inhalt des Köchers magische Eigenschaften zu verleihen.

Kutchin-Frau. Die Frau im Bild wurde von John Webber während Kapitän Cooks dritter Reise (1776–79) gemalt. Ihre Gesichtsbemalung zeigt eine vertikale Linie, die vergleichbar ist mit der auf Kutchin- und Tanana-Kleidung. Die mit Perlen versehene Passe ihres Kleides ist von traditioneller Form und Schnittart.

Kleid, Kutchin, vor 1850.
Fäustlinge, Kutchin, 1862.
Kleid und Leggins, Collk-
Meeresarm, Tanana, vor
1850. Mitglieder führender
Familien der nördlichen
Athapascan, Tanana und
Kutchin trugen passende
Kostüme, bestehend aus
Kleid oder Tunika, Leggins,
die mit Mokassins verbun-
den waren, einem Messer in
der Scheide, Fäustlinge und
einer Kapuze.

Schläger aus Karibugeweih, gefunden in der Nähe der Kenai-Halbinsel. Dieser Schläger besitzt Einlegearbeiten aus Muscheln und Türkis entlang der Seite. Ein Photo kann die Größe und das Gewicht des Schlägers nicht vermitteln: Er ist sehr groß und schwer. Eine kleine Klinge aus Obsidian war vielleicht in den Schläger eingesetzt, aber sie ging verloren.

Jagdtasche aus geknüpftem Babich, Hare, 1860. Die nördlichen Athapascan-Stämme benutzten geknüpfte Taschen aus Babich – eine dünne Wildlederschnur, die spiralenförmig aus einer einzigen Lederhaut geschnitten wurde. Die hier abgebildete Tasche hat eine gegerbte Karibuhautöffnung und ist dekoriert mit Bändern aus gefärbter Wolle, Perlenschnüren und Gänsefederkielen.

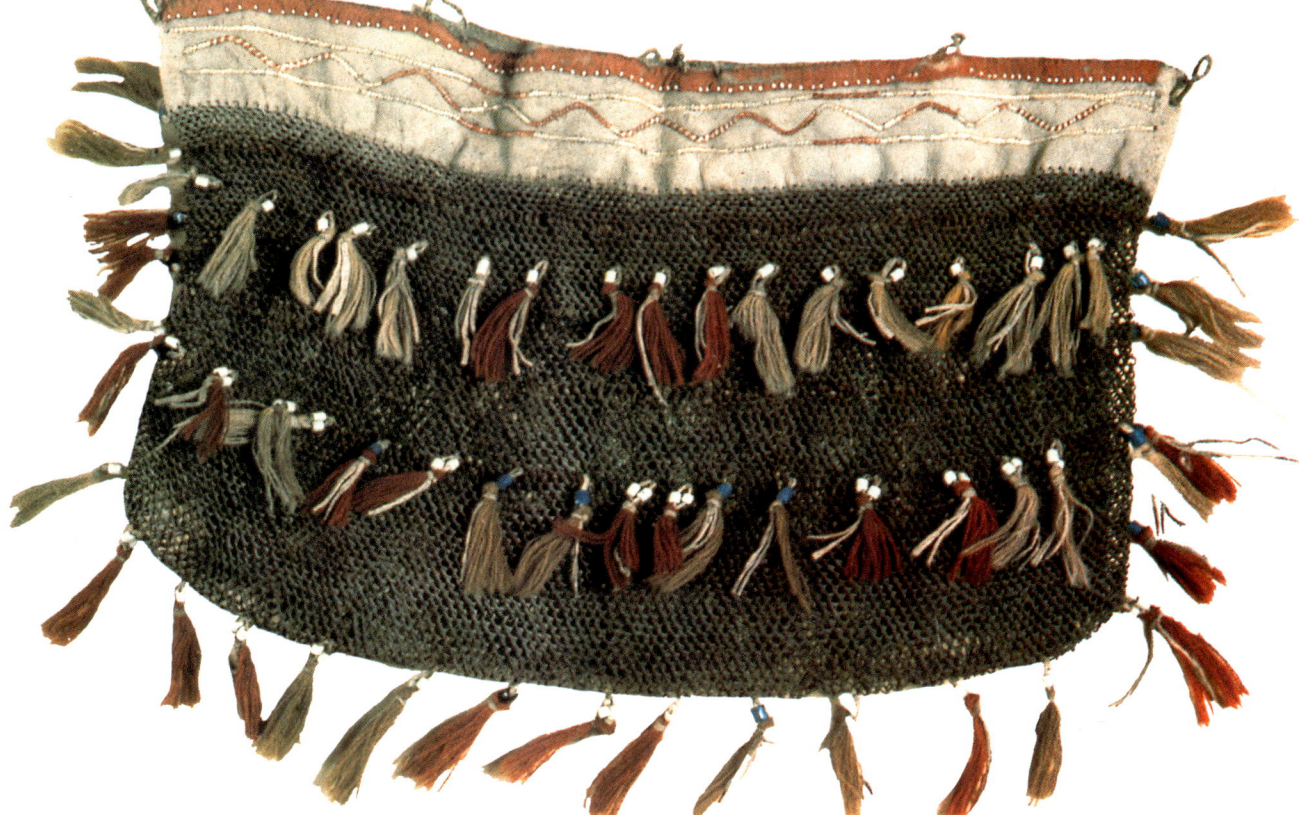

Das Land der Dene war eines, wo der Wind auf den Widerstand der Bäume traf und so gemildert und beruhigt wurde. Es ist ein umschlossener Lebensraum, vor allem in den dichten Wäldern des südlichen Teilgebietes, wo sich unzählige Flüsse in dunklen Durchgängen entlangwinden, die von starker Vegetation überhangen sind. Die Sicht ist eingeschränkt, aber es ist eine ganz andere Einschränkung als in der Arktis. Bäume unterbrechen die freie Sicht, keine Schneestürme machen sie hier völlig unmöglich. Es gab immer sichtbare Anzeichen der Kräfte, die hier tätig sind. Alle diese Kräfte waren in der Nähe und drückten sich in ruhiger Schönheit aus.

Jedes einzelne Element im Heimatland der Dene war gedämpft. In diesen nördlichen Wäldern scheint die Sonne eher durch, als daß sie brennt, und der Übergang von Licht und Schatten ist immer verhangen und ungenau. Es ist ein Land, das etwas impliziert und nicht feststellt, und deswegen sind auch die Kunstformen dieser Gegend nach innen gerichtet. Macht, anstatt daß sie befreit, wird zu einem undefinierbaren Etwas wie bei den Eskimoschnitzereien, ist auf das Objekt selbst konzentriert und fixiert. Die Feinheiten einer delikaten Stachelschwein- und Elchhaarstickerei muß man in der Hand halten und näher betrachten. Die Details und Feinheiten sind durch Sinnieren entstanden, nicht in plötzlicher Verwirklichung eines Einfalls.

TRAUM UND TRÄUMEN

Solche Qualitäten charakterisieren das Denken der Dene und werden demonstriert in Träumen und Visionen, die das Leben jedes einzelnen Individuums lenken. Es sind dies keine offensichtlichen Machtträume, die die Herrschaft über Geisterkräfte verleihen, sondern Alltagsträume, in denen Hinweise und Schlüssel entdeckt werden können. Sie entstammen einer Landschaft, in der kleinere Details ein größeres Ganzes enthüllen können. Ein Jäger, der die Fährte eines Tieres verfolgte, wußte nicht nur dessen Art, sondern auch die Richtung und Geschwindigkeit, in und mit der es sich fortbewegte, das ungefähre Alter des

Bärenzahnamulett, Athapascan, 19. Jh. Der Bär war Symbol physischer und übernatürlicher Kraft im ganzen Gebiet der Athapasacan, und der Besitz eines Amuletts, das den Besitzer mit dem Bären in Verbindung brachte, wurde als äußerst heilbringend gesehen. Das Beispiel hier ist mit feinen Stachelschweinborsten verziert.

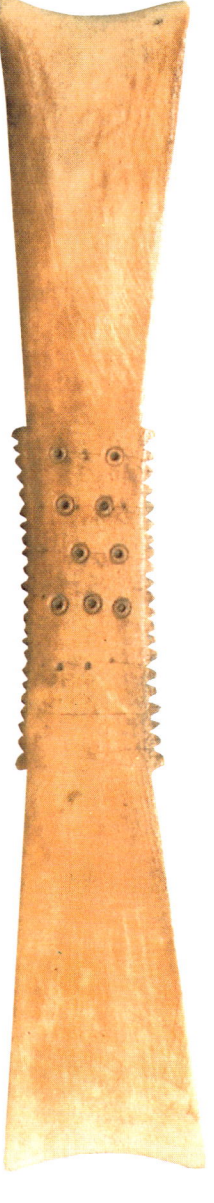

Rindenkratzer, Carrie-Indianer, Moricetown, vor 1925. Dieser Rindenkratzer hat ein Punkt- und Kreismuster, das im hohen Norden weit verbreitet war. Er ist aus Karibu-Geweih hergestellt. Kratzer fanden Verwendung beim Entfernen von Harz aus der inneren Schicht der gewöhnlichen Kieferrinde, das als Nahrung diente.

Kapuze, wahrscheinlich Tanana. Diese Kapuze besteht aus Hirschleder und ist verbrämt mit Vogelhaut, Stachelschweinborsten, rotem Farbstoff, Perlen und Fasern. Die Kapuze wurde wahrscheinlich als Teil eines kompletten Kostüms getragen.

Fäustlinge, Tanana

Tieres und sogar sein Geschlecht. Aus solchen Anhaltspunkten konnte der Jäger vorhersagen, was das Tier als nächstes tun würde. Der Erfolg der Jagd war jedoch untrennbar mit Träumen verbunden, und oft wurde ein Tier erst einmal in einem Traum zur Strecke gebracht; der Erfolg der Traumjagd bedeutete, daß der Jäger der Beute, hinter der er her war, sicher sein durfte.

Träume waren von lebenswichtiger Bedeutung in den Wäldern, die kaum imstande waren, Kräfte zurückzuhalten, die Unsicherheit und Gefahr hervorbrachten. Die meisten der bösartigen Mächte gehörten dem Reich des Unbekannten und Unerwarteten an, konnten in Träumen aber erkannt und verstanden werden; somit konnte eine angemessene Handlung durchgeführt werden, um ihre Bedrohung zu minimalisieren. Solch ein psychologischer Vorteil war entscheidend in einem Gebiet, wo Ressourcen begrenzt und schwer zu bekommen sind. Jedoch konnte er nur auf einem individuellen Niveau wirksam sein. Rituale und Tabus, die damit verbunden waren, wurden immer ausgedrückt als intensive persönliche Glaubensauffassungen, die die Individualität, die den Haushalten der Dene innewohnte, noch unterstrich.

In dieser Welt konstanter Bedrohung erreichte das Schamanentum einen hohen Entwicklungspunkt. Sowohl Männer als auch Frauen konnten Schamanen oder Träumer sein, aber sie empfingen diese Gabe oft unfreiwillig im Schlaf. Eigentlich war die Macht des Schamanen nichts anderes als eine persönliche Hilfestellung, die von anderen gesucht wurde. Man dachte einfach, die Träumer seien empfänglicher und hätten außerordentliche Empfindsamkeit, soviel sogar, daß sie über Riesenentfernungen hinweg mit ihren Traumbotschaften miteinander in Kontakt treten konnten. Sie konnten ihre Ressourcen zusammenschütten, ohne unter dem Zwang zu sein, miteinander in körperliche Nähe zu gelangen. Die Schamanen überwanden ihre Umgebung, weil hier, wo das Reisen nicht mehr länger einfach war, der Traum es den Gedanken ermöglichte, in die Unendlichkeit hinein projiziert zu werden.

LAGER UND DÖRFER

Obwohl die Gruppen ziemlich extensiv herumzogen, taten sie dies innerhalb wohldefinierter Grenzen, wobei sie bestehende Dörfer und Lagerstellen zu nutzen wußten, zu denen sie regelmäßig zurückkehren. Den Frühling und den Sommer verbrachten sie in provisorischen Lagern in der Nähe von Bisamrattenbauten, wo Beeren ge-

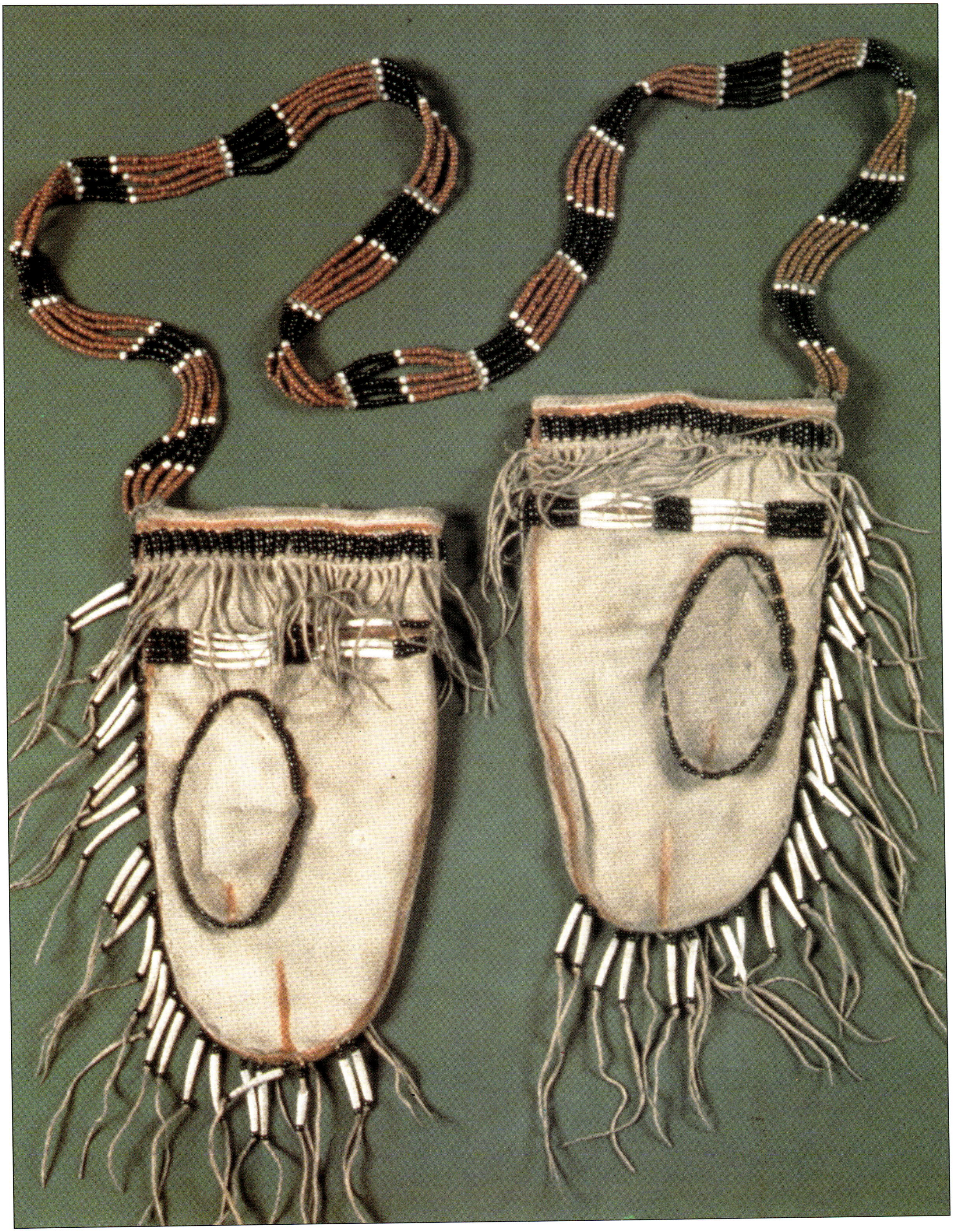

lesen und Birkenrinde zum Ausbessern von Behältern und als Baumaterial für den Bau von Kanus und Häusern gesammelt wurden. Sommerlager wurden auch an den Wehren fischführender Flüsse aufgeschlagen. Herbstlager waren bei den Fallenpfaden und nahe der Rotwild- und Kariburouten. Der Winter wurde in geschützten Gegenden verbracht, die einigen Schutz vor der starken Kälte dieser Regionen boten und wo Dauerdörfer lagen. Dörfer im westlichen Teil des Dene-Landes bestanden aus Holzhütten, während im Osten Birkenrindehütten benutzt wurden.

Alexander Mackenzie, der erste Europäer, der die Dene-Lager des südlichen British-Kolumbiens besuchte, machte Anmerkungen über die Plankenhäuser, die er dort vorfand. Er notierte, daß viele kunstvoll geschnitzte Dachträgerbalken hatten und daß sich die Dörfer in Lichtungen entlang der Seeufer befanden. In der Nähe waren kleine Hütten, in die die Knochen der Verstorbenen gelegt wurden und die offensichtlich dauernde Pflege erfuhren – der Boden um sie herum war wohlausgetreten und von Unterholz befreit.

Alle diese Lager waren klein, allerhöchstens von ungefähr dreißig bis fünfzig Personen in den günstigeren Gebieten und von weniger in einigen nördlichen Teilen bewohnt. Diejenigen, die in den Lagern lebten, besaßen eine außergewöhnliche Sensibilität für das Land, kannten das örtliche Gelände absolut und wußten die Stückzahlen jeglicher Tiergattung im Umkreis mehrerer Meilen. Viele Ressourcen waren verstreut gelegen, obwohl sie je nach Saison in manchen Orten im Überfluß auftraten. Die Jäger zogen weit herum, wenn sie Tiere verfolgten, und verließen sich dabei auf das überlegene Gespür ihrer Hunde, wenn es darum ging, Tiere zu lokalisieren und ihren Weg zurück ins Dorf zu finden.

Die regelmäßig bewohnten Lagerstellen stellten einen Grad an Stabilität dar, aber Sicherheit konnte nur erreicht werden durch das Durchführen von Ritualakten, um Gefahr abzuwehren. Familienoberhäupter kannten Mittel und Wege, um Kräfte zu besänftigen, die das Dorfleben durcheinanderbringen konnten. Tabus und andere Vorschriften wurden befolgt. Jäger gaben sich große Mühe, die Tiere zu ehren, die sie töteten, und kein Leben unnötig zu nehmen. Die meisten Rituale bestanden aus untertriebenen Akten, die Respekt zeigen sollten, wie z. B. das Plazieren kleinerer Nahrungsmengen nahe einem Ort, wo sich der Tierhausgeist aufhielt, oder das Aufsuchen eines solchen Platzes, um dort angestrengt nachdenkend zu verharren.

Solch tiefe Ehrerbietung ist sicherlich eine Reaktion auf die Umwelt, die die ungehetzte Aufmerksamkeit der nördlichen Wälder widerspiegelt. Sie läßt sich in allen Handlungen der Dene finden. Nichts fand statt ohne vorherige Beratung und sorgfältige Planung, obwohl dies in einer solch stillen Weise geschehen konnte, daß jemand, der nicht mit ihrem Leben vertraut war, davon gar nichts mitbekommen hätte. Weiße Besucher von Dene-Haushalten sind schon öfters völlig überrascht gewesen, wenn eine einstimmige Entscheidung über eine bestimmte Vorgehensweise verkündet wurde, während sie sich gar nicht bewußt darüber waren, daß überhaupt etwas zur Diskussion stand.

DIE ALGONQUIN

Der Jäger- und Sammlerlebensstil der Athapascan wurde von den algonquiansprachigen Stämmen der östlichen Subarktis geteilt. Die Umgebung, klimatischen Verhältnisse und Tierarten dieser Region sind im wesentlichen die gleichen wie die des Dene-Landes. Der Hauptstamm waren die Cree, mit unzähligen kleineren Verbänden, die über ein riesiges Gebiet verteilt waren, das an das Dene-Land angrenzte und über die Großen Seen hin zum Osten, während es südlich bis in die Prärieprovinzen Kanadas reichte. Einige der weiter südlicheren Cree-Verbände stiegen auf Pferde um und zogen in die Nordausläufer der Steppe. Hier gesellten sich die Ojibwa zu ihnen, ein subarktischer Sproß der Chippewa-Stämme der östlichen Waldgebiete. Weiter östlich waren die Algonquin – ein kleiner Stamm, der der ganzen Sprachgruppe seinen Namen gegeben hatte – und nahe der Mündung des St.-Lorenz-Stromes und in Neufundland waren die Micmac, Beothrik und Montagnais. Nördlich dieser Gruppe, in Labrador, waren die Naskapi.

Algonquin-Gruppen sind die Nachfahren früher Jäger und Ackerbauern der östlichen Wälder, die beim Rückzug der Gletscher vor 10 000 bis 20 000 Jahren mit nach Norden wanderten. Ackerbau war in der Subarktis unmöglich – mit Ausnahme einiger kleinerer Gartenbeete im extremen Süden dieser Region –, und alle Stämme nahmen Jagdwirtschaft an. Unter den Cree gab es eine große Abhängigkeit von kleinen Beutetieren und Pelztieren im nördlichen Teil ihres Territoriums, wobei Rotwild das hauptsächliche Jagdwild im Süden wurde. Die Ojibwa machten auch Jagd auf Tiere, aber Wildreis war ein anderer wichtiger Teil ihres Speisezettels. Obwohl die Micmac und Beothuk im Landesinnern jagten, waren sie doch vor allem Fischer. Die Naskapi, die sich mit der strengen Umgebung Labradors zufriedengeben mußten – die Wälder bestehen aus kärglichen, zwergwüchsigen Bäumen, die Seen frieren im Winter zu und führen Eisberge im Sommer –, waren primär Karibujäger. Sie benutzten die Häute, um daraus gefütterte Mäntel mit aufgemalten kunstvollen Dekorationen herzustellen.

Messerscheide, Gebiet der Großen Seen, Cree/Menimonee. Dekoriert mit Zickzack-Stachelschweinborsten-Arbeit auf dem Grundkörper, besitzt diese Hirschlederscheide Schachbrettmuster-Steppereien am Riemen, Blechzapfenanhänger mit Pendants aus gefärbten Haaren hängen unter der Scheidenöffnung. Solche Scheiden wurden um den Hals getragen.

DER HOHE NORDEN

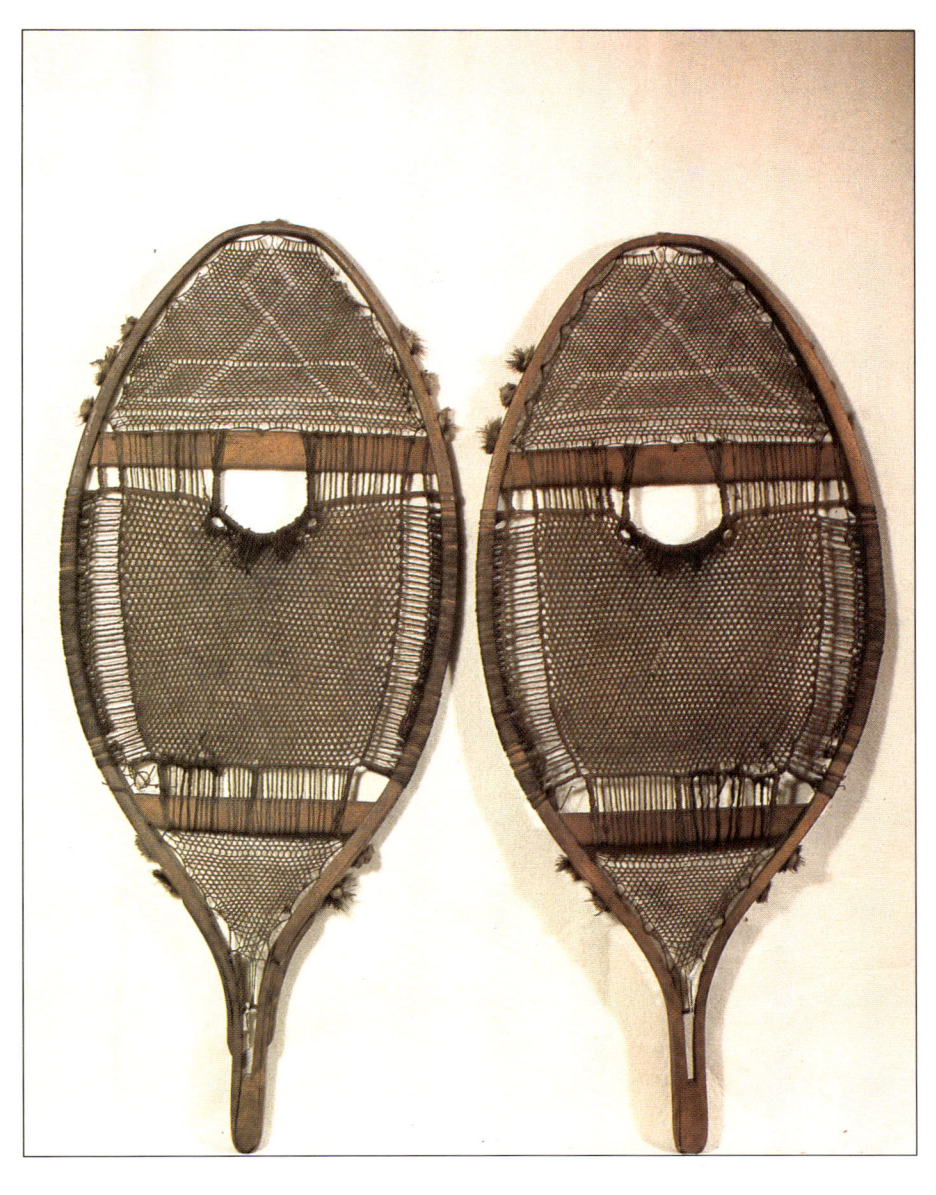

Korbnest, Cree, 1720–1745. Diese dreißig Birkenrindenkörbe passen allesamt perfekt ineinander. Sie sind aus der Rinde der weißen oder Papierbirke gemacht. Beide Rinden wurden wegen ihrer Haltbarkeit und ihrer Wetterbeständigkeit geschätzt. Birkenrinde wurde in der ganzen Subarktis vielseitig eingesetzt.

Schneeschuhe, Eskimo

Gesteppte Munitionsbeutel, Cree/Ojibwa, Gebiet der Großen Seen, 19. Jh. Durch die Verdrängung von Pfeil und Bogen durch das Gewehr wurde es nötig, Munition und Pulver mit sich herumzutragen. Das Pulver wurde in geschnitzten und verzierten Hörnern getragen. Die Munition wurde in Lederhautbeuteln verwahrt, die mit Stachelschweinborsten wie hier in den Beispielen verziert waren.

DER HOHE NORDEN

Naskapi-Mann. Der Mann trägt eine Stoffkappe mit Perlverzierung, welche nicht nur die Bedeutung des europäischen Einflusses widerspiegelt, sondern auch Bezug herstellen sollte zum Karibu und somit dem Jäger auf seiner Nahrungssuche helfen sollte.

Mokassins, Naskapi. Anders als andere Stämme der Subarktis, die Verzierungen anbrachten, malten die Naskapi direkt auf die Oberfläche der Gegenstände. Selbst wenn sie andere Elemente benutzten, wie etwa Perlen und Borsten, behandelten sie diese, als ob sie Farbe wären, und benutzten die gleichen Motive. Diese Mokassins sind ein hervorragendes Beispiel für die Farbverzierung der Naskapi.

Mantel, Naskapi, Labrador. Die Umwelt auf Labrador ist extrem rauh, und die Naskapi versuchten deshalb einige Annehmlichkeiten in der Lebensweise der Engländer zu übernehmen. Sie handelten regelmäßig mit ihnen und empfingen viele kulturelle Einflüsse. Der Mantel aus Karibuhaut ist zum Beispiel angeregt von den Schulterstücken und Knöpfereien europäischer Uniformmäntel.

TOTEMABSTAMMUNG

Umweltfaktoren bestimmten die maximale Gruppengröße, die erfolgreich aufrechterhalten werden konnte, und stellten sicher, daß die meisten Gruppen kleine, locker verbundene Familienverbände blieben. Im gemäßigteren Süden waren größere Gruppierungen möglich, und die Ojibwa hatten mehrere befestigte Dörfer. Aber die extremen Bedingungen in Labrador erzwangen es, daß die Grundsozialeinheit der Nascapi aus Mann und Frau mit ihren Kindern und vielleicht einem oder zwei älteren Verwandten bestand.

Die Glaubenssysteme in der östlichen Subarktis lassen sich am besten verdeutlichen am Beispiel der Cree, weil ein starker Waldländereinfluß bei allen anderen Stämmen, wie etwa den Ojibwa, erkennbar ist. Bei den Cree sind die Kräfte der Ahnen die treibenden Kräfte. Jedes Neugeborene wurde sorgfältig auf körperliche Merkmale hin untersucht, wie etwa einen Leberfleck oder ein Muttermal, die eine Verbindung mit einem bestimmten verstorbenen Verwandten hätten zeigen können. Wurde solch ein Zeichen gefunden, gab man dem Kind den Namen des Verstorbenen. Dieser Brauch war geschlechtsübergreifend. So konnte also ein Mädchen, das ein mit einem Mann assoziiertes Mal trug, einen Männernamen bekommen. Ihr Charakter wurde auch als von diesem Mann beeinflußt angesehen.

Durch ein System der Totemabstammung war jedes Individuum auch mit den ursprünglichen Tiergeistern verbunden und damit auch mit einer entfernten mythologischen Zeit, ehe Mensch und Tier sich voneinander trennten. Man nahm von jedem Menschen an, daß er enge Bindungen zu einer speziellen Tierart habe. Dies ist so selbstverständlich, daß selbst das Wort „Totem", in seinem anthropologischen Kontext gebraucht, von dem Cree-Wort „ototema" abstammt, was „eigene Verwandte" bedeutet.

Die Totemverbindung galt als besonders günstig für Jäger. Es ist aber ein ganz anderes Konzept als das der Tierhausgeister. Eine Person, die z. B. vom Wolf inspiriert war, sah das Tier nicht als Führer und Helfer an, das ihm Unterstützung gewähren würde, wenn er es nur respektvoll behandelte, sondern als entfernten Verwandten, das eine Verpflichtung hatte, ihm zu helfen. Im Sommer rief also der Jäger im Kanu mit einem Birkenrinden-Elchschrei das Tier, das dann auch willig zum Fluß- oder Seeufer kam, wo seine Bewegungen vom sumpfigen Boden behindert wurden. Im Winter ließ der Elch auch deutliche Spuren zurück, so daß ein Mann auf Schneeschuhen ihm leicht folgen konnte.

Es wurden auch Zeremonien durchgeführt, in denen die Tänzer zur Verkörperung der Tiere wurden, die sie darstellten. Diese Verkörperung galt als Zustand, der durch die Blutsverwandtschaft, die zwischen ihnen bestand, erklärbar und festgelegt war. Dies verlieh der Auffassung Glaubwürdigkeit, daß die Körperform flüchtig sei und im Falle besonders starker Kräfte auch willentlich verändert werden konnte. So konnte etwa ein Bär auch in der Gestalt eines Störs erscheinen, um einem menschlichen Verwandten bei den unterschiedlichsten Fischfang- oder Jagdaktivitäten zu helfen.

GEMEINSAME URSPRÜNGE

Auf einer höheren Ebene verändern sich die kosmischen Elemente ständig im Laufe heldenhafter Kämpfe, die nur die Besten überleben konnten. Die Sieger gaben ihr Wissen durch Rituale weiter, die dem Volk erlaubten, mit Elend und schweren Umständen zurechtzukommen. Auf einer niedrigeren Stufe konnte ein wiedergeborener Jäger als Rotwild oder in anderer Tierform zurückkehren oder selbst als Pflanze oder Fels, weil die Cree keine Unterschiede machten zwischen belebter und unbelebter Natur, da sie davon ausgingen, daß alles einen gemeinsamen Abstammungsursprung hat.

Das Cree-Konzept der Beziehung zwischen Mensch, Tier und Pflanze führt zu einer Konzeptualisierung der Welt, in der alle Elemente einer einzigen Überfamilie zugehörig erklärt werden. Jeder nahrungsmittelsichernde Akt – sei es nun Jagen, Fischen oder Sammeln – impliziert somit immer auch ein Element des Kannibalismus. Solche Überlegungen nahmen den Menschen in eine Pflichtschuld, die irgendwann wieder zurückbezahlt werden mußte. Nach dem Tod kehrte der Körper zur Mutter Erde zurück, die ihn entgegennahm und damit die Pflanzen ernährte, die ihrerseits wieder Mensch und Tier ernährten. Der Geist, oder die Seele, wurde freigesetzt, um wiedergeboren zu werden.

Birkenrindenschachtel, verziert mit Stachelschweinborsten, Micmac, Mitte des 19. Jh. Die Micmac-Stämme Neufundlands wurden hoch geschätzt wegen ihrer mit Borsten verzierten Birkenrindenschachteln. Diese wurden von den Frauen hergestellt.

DRITTES KAPITEL

Die Büffeljäger der Steppen

Komantschenlager, Büffelhauttipi, ca. 1870. Tipis waren das ganze Jahr über Behausungen für die nomadischen Steppenstämme, und sie wurden von halbnomadischen Stämmen während der Büffeljagd benutzt. Das Tipi war leicht zu transportieren. Es war im Sommer kühl und im Winter warm und konnte durch das Ändern der Klappen an der Spitze rauchfrei gehalten werden.

Es gab ein Wort, das das Wesen der Steppen und Prärien, die im Herzen Amerikas liegen, zusammenfaßt: Büffel. Die immensen Grasebenen, in denen die frühen Pioniere Entfernungen nicht in Meilen, sondern in Monaten maßen, reichten von Texas bis hoch nach Kanada und von den Gebirgsausläufern der Rocky Mountains hinüber bis zur Linie des Mississippi. Sie waren zuallererst einmal Büffelland. Nur die Gegenwart des großartigen Tieres hatte die Schaffung der Steppen- und Prärie-Indianerkulturen erst ermöglicht, und das sinnlose Abschlachten der Herden durch weiße Jäger war der letztendliche Grund für den Untergang dieser Kulturen.

Es fällt schwer, zurückzublicken und die Geschwindigkeit zu fassen, in der die Herden vernichtet wurden. Kommerzielles Jagen begann erst 1872, und schon 1885 waren die Herden verschwunden. Noch schwerer zu fassen ist die schwindelerregend hohe Zahl der getöteten Büffel in diesen kurzen dreizehn Jahren. Einzelne Herden konnten bis zu einer halben Million Tiere umfassen, und Dokumente des frühen 19. Jahrhunderts belegen, daß der Weg der Reisenden oft tagelang durch vorbeiziehende Herden blockiert war. Hin und wieder waren Schaufelraddampfer nicht in der Lage, den Missouri zu befahren wegen der vielen Büffel, die ihn durchschwammen, und die Bemerkung, daß das Land schwarz vor lauter Büffeln war, so weit das Auge reichte, ist in frühen Reisenberichten regelmäßig anzutreffen.

Messer und Scheide, Teton-Sioux, vor 1840. In der Stachelschweinborsten-Arbeit dieser Art wurden die Borsten erst plattgedrückt und durch Beißen weich gemacht, ehe sie mittels verschiedener natürlicher Mineral- und Pflanzenfarben gefärbt wurden. Sie wurden dann durch die Löcher gepreßt, die in ein Lederstück gemacht worden waren.

Siedlungsgebiete der Steppen- und Prärie-Indianer

- Sarsi
- Siksika
- Blackfoot
- Piegan
- Gros Ventre
- Assiniboin
- Plains Cree
- Plains Ojibwa
- Hidatsa
- Mandan
- Yanktonai Sioux
- Santee Sioux
- Crow
- Arikara
- Teton Sioux
- Minneconjou Sioux
- Cheyenne
- Shoshone
- Yankton Sioux
- Ponca
- Omaha
- Iowa
- Skidi Pawnee
- Missouri
- Ute
- Arapaho
- Pawnee
- Oto
- Kansa
- Kiowa
- Osage
- Kiowa-Apache
- Mound Spiro
- Apache
- Quapaw
- Wichita
- Comanche

DER BÜFFEL

Für die weißen Jäger stellte der Büffel einen schnellen Gewinn dar, da sein Fell zur Gewinnung von Qualitätsleder und seine Knochen zur Gewinnung von Dünger dienten. Den Indianern lieferte der Büffel Nahrung, Kleidung und Unterkunft. Büffelfleisch war das Grundnahrungsmittel der Indianer. Im Frühling und Sommer wurde es frisch, im Winter getrocknet gegessen. Gegerbte Büffelhäute eigneten sich als Dauerabdeckung für Tipis und als Winterkleidung. Büffeldecken konnten getragen und als Bettzeug verwendet werden. Ungegerbtes Leder wurde zur Herstellung von Schilden und halbsteifen Behältern benutzt, und weicheres gegerbtes Leder lieferte das Material für Taschen und Beutel. Haare und Sehnen konnten für Seile, als Bogensehnen und Schnüre benutzt werden; Hörner und Hufe fanden als Schöpflöffel, Löffel und Schalen Verwendung, oder sie wurden eingekocht zu Leim. Der Pansen war ein nützlicher wasserdichter Behälter, und der Schwanz diente als Fliegenklatsche. Starke Büffelknochen lieferten eine Vielzahl an Hautabschabe- und Abbeinwerkzeugen. Der getrocknete Dung, oder Büffelspan, war die Hauptquelle für Feuerbrennstoff.

Büffel waren heilig und zentral für die zeremonielle und soziale Stammesorganisation. Weil Büffel Wandertiere sind, bestimmten sie auch das Leben aller Stämme, die wenigstens einen Teil des Jahres einen nomadischen Lebensstil hatten. Es gab jedoch zwei grundverschiedene kulturelle Ausdrucksformen büffelabhängiger Kulturen; die der völlig nomadischen Völker auf den westlichen Kurzgrassteppen und die der halbnomadischen Dorfvölker der östlichen Langgrasprärien.

STEPPEN UND PRÄRIEN

Die nomadischen, in Tipis lebenden Stämme des nördlichen Teils der Steppe sind aus der Populärliteratur gut bekannt und umfassen die Schwarzfuß-, Crow- und Sioux-Indianer. Weiter südlich lebten Stämme, die ein ähnliches Lebensformmuster teilten, wie etwa die Cheyenne, Arapaho, Kiowa und Komantschen. Im Osten, in den Prärien, gab es verschiedene Gruppen, deren Lebensart seßhafter war als die der wahren Nomaden. Diese Völker besaßen dauerhafte Dörfer und pflanzten Mais, Bohnen und Kürbisse. Sie webten Riedmatten, die sie als Raumteiler und Bettmaterial benutzten anstelle der Felle, wie sie Nomaden verwenden. Aber auch sie verbrachten einen Großteil des Jahres damit, den Herden nachzuziehen. Die allernördlichsten Gruppen, die Hidatsa, Mandan und Arikara, lebten am Missouri. Weiter südlich, wo heute Nebraska und Kansas liegen, und näher am Mississippi, waren mehrere andere Dorfstämme, einschließlich der Omaha, Kansa, Poca, Osage und Quapaw. Diese sprachen verschiedene Siouan-Dialekte, und ihren Traditionen zufolge waren sie einmal ein einziges Volk. Auch lebten im südlichen Teil der Region noch die Oto, Iowa und Missouri sowie die caddoansprachigen Pawnee, Skidi und Wichita.

Die frühe Geschichte dieser verschiedenen Stämme ist sehr unterschiedlich, und obwohl der Büffel beinahe 12 000 Jahre lang wirtschaftlich wichtig war in dieser Region, wo schon die Eiszeitjäger sie jagten, führten doch nur wenige dieser Stämme ihre Abstammung auf die Grasebenen zurück. Die Schwarzfuß-Indianer kamen von den Großen Seen, die Sioux von den östlichen Wäldern, die Sarsi aus der Subarktis. Die Crow trennten sich von den Hidatsa, die wie die Mandan Verbindungen zu den frühen Steppenkulturen haben. Zusammen mit einigen siouansprachigen Völkern wie den Osage haben die Pawnee Beziehungen zu den Caddo-Mississipianern, die selbst eine Immigrantengruppe waren.

New Fire (Neues Feuer), Kiowa, 1834. New Fire, bekannt als Kiowa-Bandenhäuptling, wurde von George Catlin während eines Besuches eines Komantschen-Dorfes gemalt. Um seinen Hals trägt er ein Amulett aus Wildschweinhauern und eine Kriegspfeife.

Perlenbestickte Kiowa-Mokassins, frühes 20. Jh. Perlen waren ein begehrter Handelsartikel seit dem ersten Kontakt mit europäischen Händlern und sollten bald die bis dahin benutzten Stachelschweinborsten ersetzen. Die Muster waren ursprünglich auf alte Borstendesigns gegründet.

DIE BÜFFELJÄGER DER STEPPE

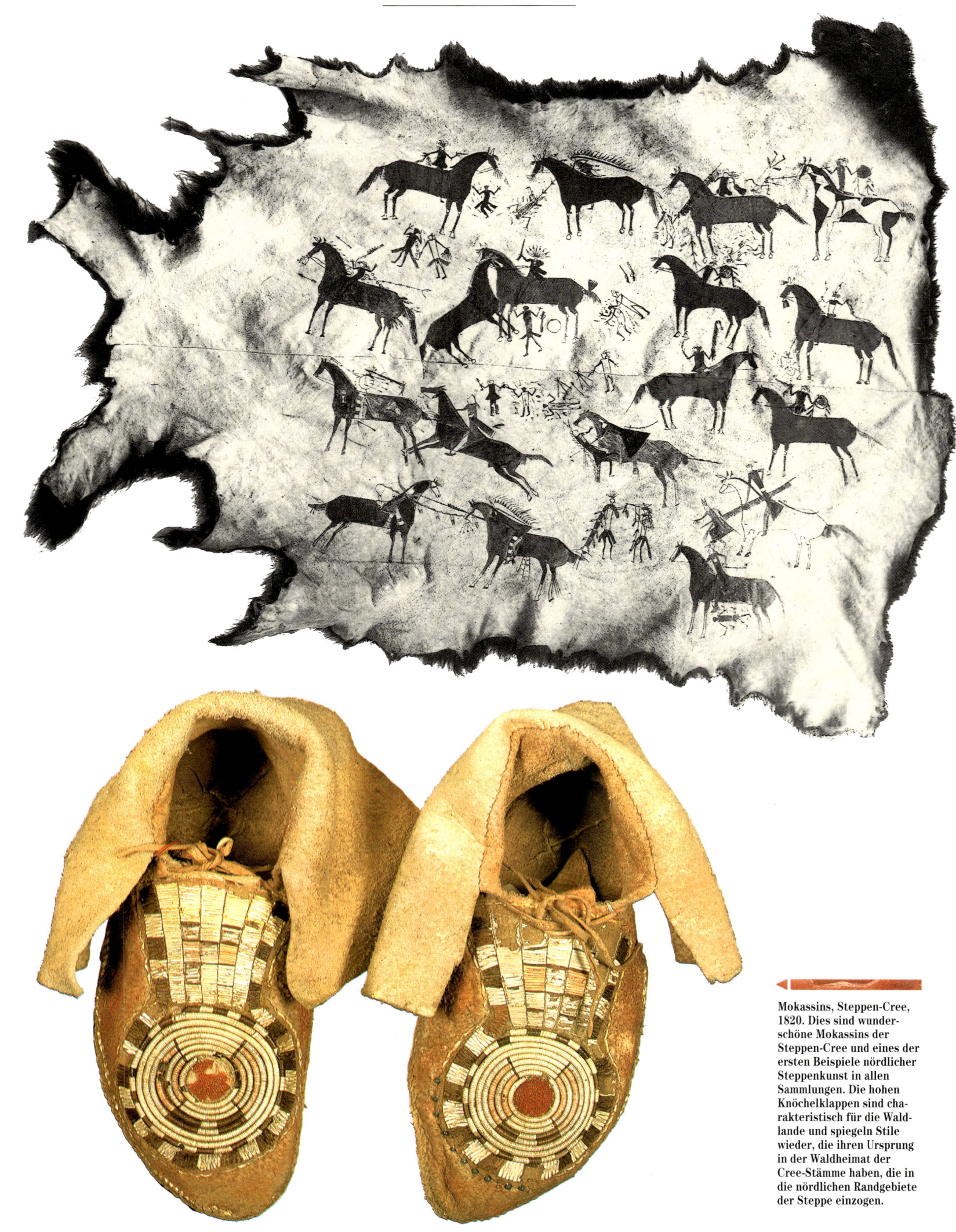

▸ Mokassins, Steppen-Cree, 1820. Dies sind wunderschöne Mokassins der Steppen-Cree und eines der ersten Beispiele nördlicher Steppenkunst in allen Sammlungen. Die hohen Knöchelklappen sind charakteristisch für die Waldlande und spiegeln Stile wieder, die ihren Ursprung in der Waldheimat der Cree-Stämme haben, die in die nördlichen Randgebiete der Steppe einzogen.

Neugebogener Büffeljagdbogen, Crow, vor 1850. Dieser Bogen wurde nur zu Büffeljagden und Paraden benutzt. Zu anderen Zeiten verwandte man einen weniger wertvollen Bogen. Irgendwann nachdem dieser Bogen gefunden worden war, wurde die gedrehte Sehnenbogenschnur entfernt und am führenden Teil des Bogens festgemacht statt an der Rückseite.

Bemalter Büffelumhang, Pawnee. Büffelumhänge waren wichtig für die nomadischen und halbnomadischen Stämme der Steppen und Prärie, die sie als Tipiabdeckung, Kleidung, Bettzeug und als Mittel zur Aufzeichnung der Familiengeschichte und der Kriegsabenteuer verwandten. Dieser hier erklärt die verschiedenen Erfolge seines Besitzers in piktographischer Form.

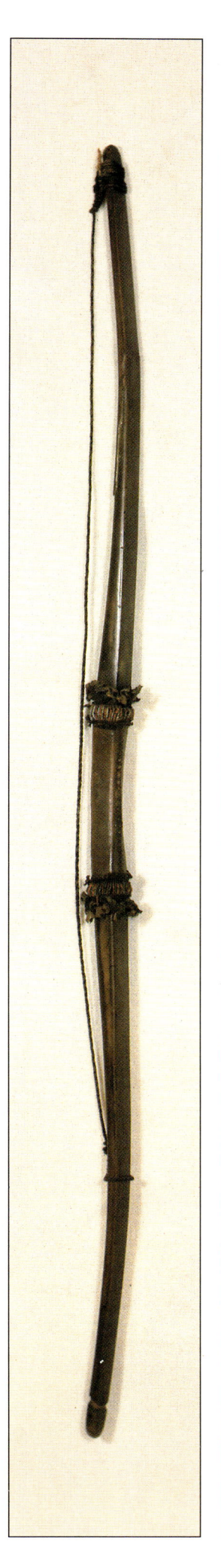

Einige dieser Völker bewohnten vor langer Zeit zuerst die Grasebenen, was jedoch nicht in altertümlicher Zeit war. Einige Stämme, wie etwa die Cheyenne, die innerhalb historischer Zeit in diese Region einzogen, kamen hier also erst vor kurzem an. Nur die Kiowa können für sich in Anspruch nehmen, die Steppe als erste bewohnt zu haben. Vor der Übernahme von Pferd und Gewehr in der zweiten Hälfte des 19. Jahrhunderts lebten alle Nomadenstämme in Familienverbänden als Fußjäger, ernsthaft behindert in ihrer materiellen Kultur von der Größe der Ladung, die die Hunde tragen konnten. Andere Gruppen bewohnten mehrere kleine Dorfsiedlungen an den Flüssen des Ostens, wo sie Korn anbauten und sich zu Fuß in die Grasebenen zur Büffeljagd begaben.

DAS PFERD UND DAS GEWEHR

Die Verbreitung von Pferden aus Santa Fé im Südwesten und die der Gewehre aus dem Nordosten trafen in der Steppe aufeinander und verwandelten beinahe über Nacht die Fußjäger und Bauern in berittene Krieger. Plötzlich sprang eine Steppenkultur auf. Wie ein Präriefeuer besaß sie eine furchtbare Vitalität, Spontanität und Energie, war jedoch dazu bestimmt, rasch wieder niederzubrennen. Schon 1880 war die leidenschaftliche und explosive Reaktion vorbei. Die Büffel waren so gut wie ausgestorben, und die Stämme waren alle in Reservate verbannt worden. Den halbnomadischen Stämmen, die sich näher an den Siedlungszentren der Weißen befunden hatten, war dies schon dreißig Jahre früher zugestoßen. Der Fall der Nomaden jedoch, den letzten Stämmen, die mit der europäischen und amerikanischen Expansion konfrontiert wurden, bedeutete damals das Ende des bewaffneten Widerstands der amerikanischen Ureinwohner.

In den ca. hundert Jahren jedoch, in denen das berittene Nomadentum aufblühte, entstand das Klischee des nordamerikanischen Indianers. Wenn man an Indianer denkt, so ist die unmittelbare Vorstellung die eines Sioux-Kriegers mit wallendem Federschmuck, verziertem Pony und feuriger, kriegerischer Unabhängigkeit. Es ist ein bleibendes Bild, und nur deshalb möglich, weil das Pferd es erlaubte, das Potential des Nomandentums völlig auszuschöpfen – das Reisen wurde schneller und einfacher als alles, was die Fußjäger je erlebt hatten. Gleichzeitig erlaubte das Gewehr die Bildung von Kriegereliten, nicht etwa weil es den traditionellen Speer und Bogen ersetzte – die auch weiterhin benutzt wurden –, sondern weil es die Stämme mächtiger machte und sie in überstürzte Konflikte trieb.

In all diesem waren Pferd und Gewehr nur Erleichterungen. Die treibende Kraft hinter der Expansion der Stämme waren die Grasebenen selbst mit ihrer scheinbar endlosen Weite. Parra-wa-Samen, oder Ten Bears, der zu den Yamparika-Komantschen gehört, drückte dies sehr gewandt aus, als er sagte: „Ich wurde auf der Prärie geboren, wo der Wind frei blies und es nichts gab, was das Sonnenlicht brechen konnte." Es ist leicht, die Kräfte zu verstehen, die ihn dazu trieben, so zu sprechen. Selbst heute fällt es in bestimmten Gegenden nicht schwer, sich vorzustellen, daß sich der Horizont unendlich erstreckt, und Hügel anzuschauen, über die der Wind in unaufhörlichen Wellen Bewegung in das Gras bringt. Das sind Ebenen, die einen zum Durchreisen einladen.

HALBNOMADEN

Extensiver Kontakt mit den Europäern fing bei den halbnomadischen Gruppen an. Es waren dies mächtige Stämme, die oft aus verschiedenen Dörfern bestanden, die sich als verbündet betrachteten. Obwohl jedes Dorf eigentlich eine autonome Einheit war, wurden doch Stammeszeremonien abgehalten, zu denen sich Teilnehmer aus den verschiedenen Siedlungen gesellten. Einige Stämme, wie etwa die Pawnee und Osage, lebten in Mehrfamilien-Erdwigwams, die aus einem hölzernen Rahmen bestanden, über den Erde geschüttet wurde. Die Wichita, die in Flußüberschwemmungsgebieten lebten, die das Wachstum besonders hoher Gräser begünstigten, hatten riedgedeckte Wigwams. In Gebieten in der Nähe der Wälder wurden Wigwams benutzt, die mit Rinde bedeckt waren.

Maisanbau war genauso wichtig für diese halbnomadischen Völker wie die Büffeljagd, und viele ihrer Rituale und Zeremonien verleihen Mais und Büffeln gleichrangige Stellung. Büffelwanderungen bestimmten ihre Sommerbewegungen auf der Steppe – wenn der gesamte Stamm unterwegs war und in Tipis lebte –, doch der Mais bestimmte, wann die Sommerjagd anfing und endete. Die Menschen konnten ihre Dörfer nicht verlassen, bevor nicht die Pflanzen angebaut waren, und sie mußten rechtzeitig zur Ernte wieder zurück sein. Die Stabilität der Völker ermöglichte es bestimmten Individuen, einen Status durch eine Form erblichen Ranges zu erreichen, und oft war es von Vorteil für einen jungen Mann, Eltern in hoher Position zu haben. Doch war die Führung ihrem Wesen nach demokratisch und unterstützt durch die öffentliche Meinung.

▲

Erdwigwams, Pawnee, 1868. Dieses Pawnee-Dorf am Platte wurde im Winter photographiert. Die Wigwams wurden aus einem Holzgestell gebaut und mit einer Schicht Gestrüpp und Matsch bedeckt. Zum Schluß folgte eine Lage Erde. Auf diese Weise erhielt man eine ständige Behausung.

▲

Riedmatte, Pawnee, 1920. Diese Matte ist eine von zwei erhaltenen Beispielen aus Oklahoma. Solche Matten gab es gewöhnlich in den Erdwigwams der halbnomadischen Stämme.

DIE BÜFFELJÄGER DER STEPPE

Mit Einlegearbeit versehener Pfeifenkopf, Pawnee, frühes 19. Jh. Diese Pawnee-Pfeife ist aus Catlinit geschnitzt, einem weichen roten Stein, der nur in Minnesota vorkommt und bei den Steppen-Indianern für das Pfeifenrauchen stark gehandelt wurde.

Buffalo Bull (Büffelbulle), The Cheyenne, Bird-That-Goes-To-War (Vogel-der-in-den-Krieg-zieht), Pawnee, 1832. Diese drei Krieger waren unter den Pawnee, die George Catlin in Fort Leavenworth 1832 malte. Sie hatten geschorene Köpfe und trugen roten Kopfschmuck. An ihren unverwechselbaren Gesichtsbemalungen können diese Krieger als Pawnee erkannt werden, doch haben die Symbole, wie etwa die Hand, größere Bedeutung. Die Hand steht für eine mächtige Lebenskraft und konnte nur von einem prominenten Krieger benutzt werden.

Jede Einzelperson war nicht nur Stammesmitglied, sondern oft auch Mitglied einer Moietät, einer Unterteilung des Stammes in zwei oder mehr gleich starke Teile. Jede Moietät trug Verantwortung für unterschiedliche Aspekte des Stammeslebens. Sie stellten ein komplementäres Paar dar, bei dem jede Hälfte die gleiche Zielsetzung hatte, nämlich die Einheit des Stammes und seine Sicherheit. Aber sie verfolgten diese Ziele von entgegengesetzten Polen aus. Durch das Zusammenbringen dieser Gegensätze konnte ein Gleichgewicht oder eine Harmonie erreicht werden, das keinen unmäßigen Nachdruck auf eines der beiden Ziele legte. Darüber hinaus begriff sich jeder als Mitglied eine Sippe, die sich zusammengeschweißt fühlte durch Blutsverwandtschaft.

Alle diese Abteilungen hatten prominente Mitglieder, deren Meinungen und Ansichten mit Respekt gelauscht wurde und die oft als Sprecher der Gruppe agierten. Weiße hielten diese Leute irrtümlich für „Häuptlinge" und brachten gleichzeitig Sippen, Moietäten und Stämme durcheinander. So entstand der Eindruck einer verwirrenden Ansammlung von Häuptlingen, die über eine Anzahl disparater Volksgruppen, die sich auf irgendeine Weise verwandt fühlten, Autorität ausübten.

Jeder Stamm besaß eine Anzahl von Gesellschaften, die aus Leuten bestanden, die ein gemeinsames Band anerkannten. Manche waren nach Alter eingeteilt, wo dann alle Mitglieder der gleichen Altersgruppe angehörten. Andere hingen von Leistungen ab, wie etwa bei den Kriegergesellschaften, wo die Aufnahme abhing von besonders waghalsigen Mutproben. Andere wiederum behielten ihren zeremoniellen Charakter, der mit der Ausübung verschiedener Rituale verbunden war, z.B. dem Ziehen von geweihtem Tabak. Jede dieser Gesellschaften hatte ihre eigenen Sprecher, die wiederum als „Häuptlinge" angesehen werden konnten.

Parallel dazu existierten die Schamanengesellschaften oder Bruderschaften, deren Mitglieder alle die Rollen des Philosophen, Zauberers, Stammeshistorikers, Doktors und Priesters in sich vereinten. Durch die Schamanen erst konnten die verschiedenen Abteilungen ihre heilige Pflicht ausüben, die Rituale durchzuführen, die das Fortbestehen des Stammes garantierten und sein Wohlbefinden steigerten. Rituale bezogen sich auch oft auf den Ursprung des Stammes. Bei den Skidi etwa wurde eine Anzahl „Medizinbündel" – Häute oder Tuchverpackungen, in denen sich Zeichen spiritueller Macht befanden – in getrennten Dörfern aufbewahrt und bezogen

DIE BÜFFELJÄGER DER STEPPE

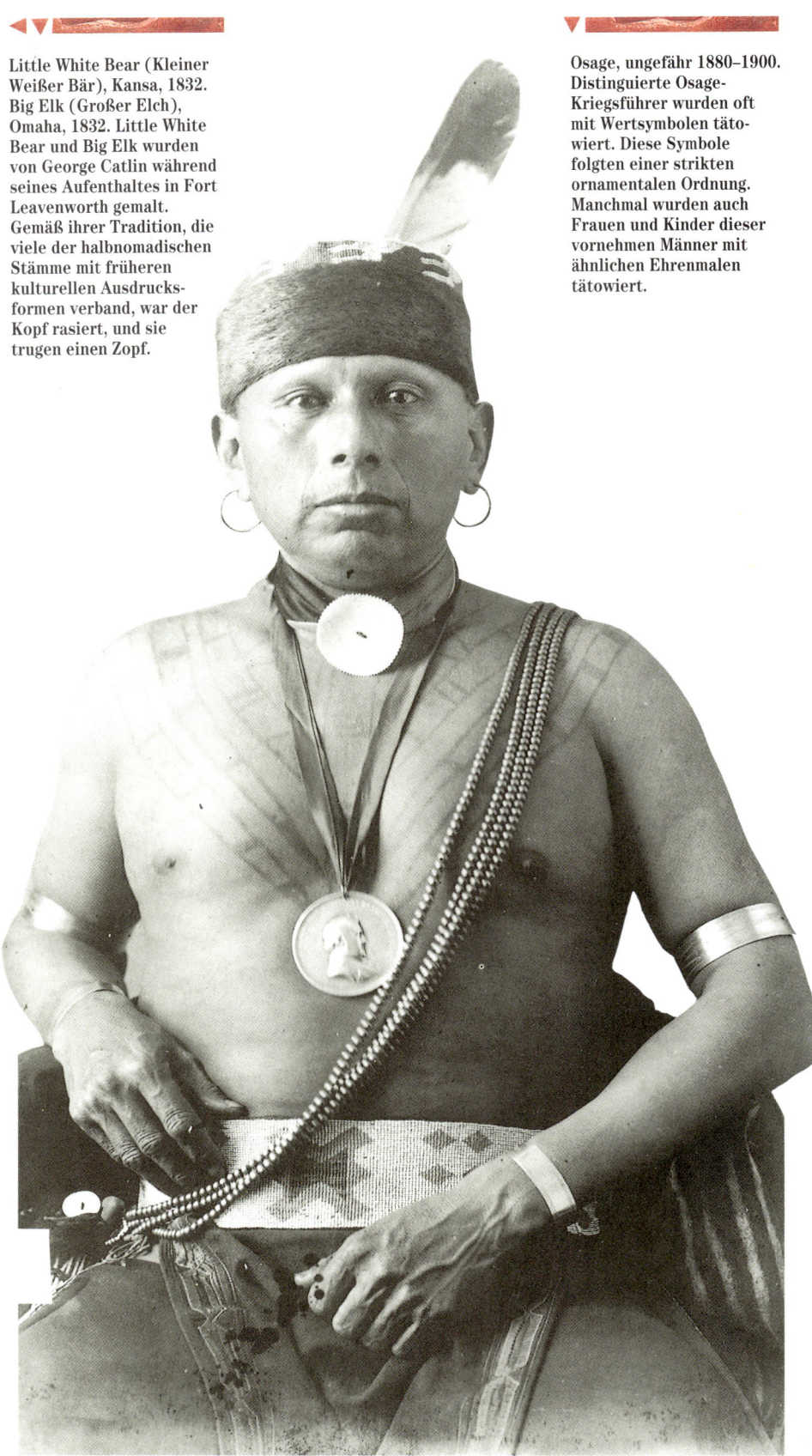

Little White Bear (Kleiner Weißer Bär), Kansa, 1832. Big Elk (Großer Elch), Omaha, 1832. Little White Bear und Big Elk wurden von George Catlin während seines Aufenthaltes in Fort Leavenworth gemalt. Gemäß ihrer Tradition, die viele der halbnomadischen Stämme mit früheren kulturellen Ausdrucksformen verband, war der Kopf rasiert, und sie trugen einen Zopf.

Osage, ungefähr 1880–1900. Distinguierte Osage-Kriegsführer wurden oft mit Wertsymbolen tätowiert. Diese Symbole folgten einer strikten ornamentalen Ordnung. Manchmal wurden auch Frauen und Kinder dieser vornehmen Männer mit ähnlichen Ehrenmalen tätowiert.

Gravierte Muschel, Caddo-Mississippianer, Mound Spiro, ca. 1200–1400. Die Ausweitung des Todeskultes der Südmississippianer auf die Steppe reichte bis zum Mound Spiro in Oklahoma. Das Spinnenemblem des Kultes auf dieser gravierten Muschel ist jedoch dem ähnlich, das den Frauen der Osage auf den Handrücken tätowiert wurde.

50

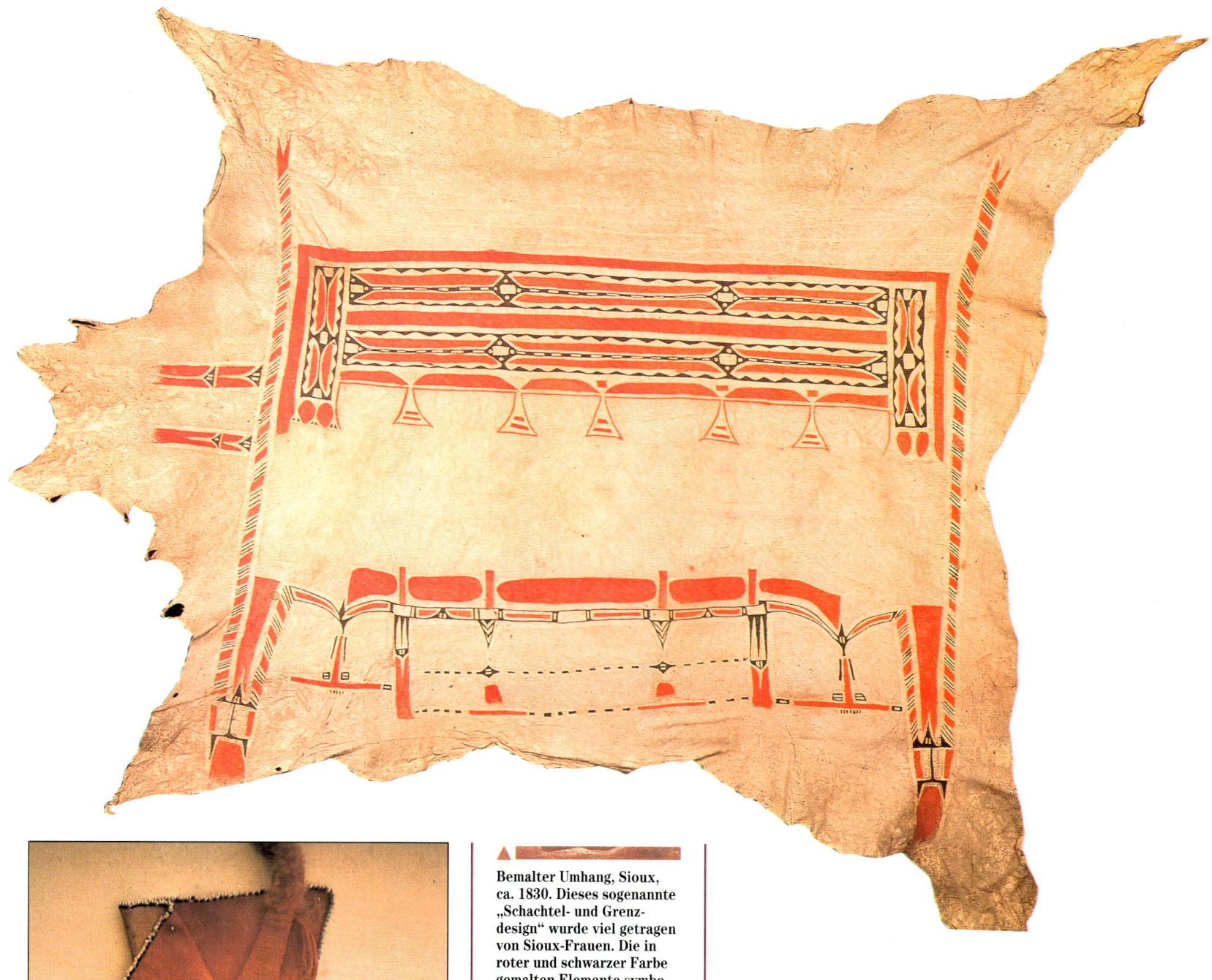

Bemalter Umhang, Sioux, ca. 1830. Dieses sogenannte „Schachtel- und Grenzdesign" wurde viel getragen von Sioux-Frauen. Die in roter und schwarzer Farbe gemalten Elemente symbolisieren die wichtigsten Phasen des Frauenlebens und sind auch mit dem Büffel verbunden.

Farbtasche, Osage. Pigmente, die man zur persönlichen Schmückung und zum Malen auf Lederhäuten und Haut benutzte, wurden in trockener, pulverisierter Form in speziellen Farbentaschen aufbewahrt. Zum Gebrauch wurde etwas des zerstoßenen Pigments mit Schmalz oder Fett gemischt, um es zu binden.

sich auf den Glauben, daß die Struktur und die Ordnung des Stammes von den Sternen geordnet wurde. Die Mächte von oben machten erst Dörfer und Familien aus ihnen und brachten ihnen bei, wie sie leben und ihre Zeremonien ausüben sollten. Das Dorfleben war minutiös aufgegliedert und wohlgeordnet, wobei es bestimmte vorgeschriebene oder angeratene Handlungswege gab für jedwede Situation und doch auch eine Reihe von Entscheidungsmöglichkeiten für das Individuum enthalten war.

Graswigwam, Wichita, vor 1900. Die Wichita, die an den Ufern des Arkansas lebten, hatten Zugang zu ausgedehnten Ried- und Gräserstandorten, die sie zur Herstellung von Strohabdeckungen für ihre Wigwams und Unterschlüpfe verwandten. Das bienenkorbförmige Haus hier wurde als Wohnhaus genutzt.

Wild Sage (Wilde Weise), Wichita-Mädchen, 1834. Gemalt von George Catlin. Wild Sage trägt einen Fellumhang. Es war üblich, daß Wichita-Frauen nur ein Hemd oder eine Schürze trugen, ehe die europäischen Vorstellungen von Anstand das lange Kleid entstehen ließen.

Nähahle, Iowa. Borsten- und Perlarbeiten auf Leder wurden ermöglicht, indem man zuerst das Leder mit der Ahle durchbohrte und so ein Loch erhielt, durch das die Borsten gepreßt oder die Sehnenstränge, die die Perlen hielten, hindurchgefädelt werden konnten. Die Ahle hier hat einen geschnitzten Knochengriff und eine Metallspitze, die aus einer alten Feile hergestellt wurde.

NOMADEN

Ähnliche Vorstellungen wurden auch von den Nomadenstämmen des westlichen Teils der Region vertreten, die auch Schamanen-Bruderschaften, Sippen, Moietäten und Kriegergesellschaften besaßen. Aber hier verlegte der Zwang, sich dauernd zu bewegen, den sozialen Brennpunkt vom Dorf hin zum Verband. Die meiste Zeit des Jahres verbrachte man in kleinen, mobilen Verbänden mit demokratischer Führung, Entscheidungen, die den Verband betrafen, wurden in Beratungen getroffen, in denen jedes Mitglied seiner Meinung Ausdruck verleihen konnte. Niemand war an etwas gebunden, womit er nicht einverstanden war, und selbst die prominentesten Gemeinschaftsmitglieder hatten keine Macht über irgend jemand anderen. Die Folge davon war eine Reihe flexibler Einheiten mit schwankenden Bevölkerungszahlen und mit engen Ehe- und Blutsbanden zu mehreren Gruppen in der Nähe.

Jede Gruppe war autonom und unabhängig, betrachtete sich aber verwandt mit anderen Verbänden sowohl durch Familienbande als auch durch Ähnlichkeiten in der Sprache und in Gewohnheiten. Eine Ansammlung dieser Gruppen wird gewöhnlich als Stamm bezeichnet, obwohl dies noch keine politische Geschlossenheit impliziert. Im Frühsommer brachen gewöhnlich mehrere getrennte Verbände zu den wichtigsten Büffeljagden zusammen auf, und zwar so, daß die jährlichen Stammeserneuerungszeremonien abgehalten werden konnten. Zu solchen Zeiten bildeten sie Kreislager, so genannt, weil die Tipis in einem Kreis aufgestellt wurden. Der Innenplatz wurde freigehalten, um dort Zeremonien abzuhalten. Der Kreis war auch ein heiliger Ausdruck des Volksglaubens. Ein Kreis erlaubt kontinuierliche Bewegung, da er weder Anfang noch Ende hat, aber er ist auch eine umschließende Form, die schützt und die die Ganzheit der Gruppe ausdrückt. Mehrere hundert Familien konnten sich in einem dieser Lager versammeln, ähnlich wie dies in den getrennten Dörfern der halbnomadischen Völker zu rituellen Zwecken geschah.

MÄNNER UND FRAUEN

Die meiste Zeit war die Welt der Steppen- und Prärie-Indianer im Grunde die des Individuums. Ehre und Respekt erwarb man sich in ihr durch persönliche Verdienste und Fertigkeiten. Ein Mann bemühte sich darum, ein großer Krieger und Jäger zu sein, ein Held unter den Helden der Nation. Es war, zumindest an der Oberfläche, eine Männerwelt. Das übersieht jedoch die Tatsache, daß den Frauen alles gehörte, was mit dem Haushalt und der häuslichen Lebenssphäre zu tun hatte. Und daß der gesamte Besitz des Mannes in den Kleidern und Waffen bestand, die er trug.

Anstatt Gemeinschaften zu sein, in denen Frauen unterworfen waren, wie dies so oft dargestellt ist, waren dies Gemeinschaften, in denen die Geschlechterrollen präzise definiert waren. Es wurden klare Aussagen getroffen über die gegenseitige Abhängigkeit von Mann und Frau und darüber, auf welche Weise jeder einzelne von ihnen an Distinktion gewinnen und Verdienstzeichen tragen konnte. Malereien und Tätowierungen waren Signalmittel für Respekt und Verdienste. Bei den Omaha etwa

DIE BÜFFELJÄGER DER STEPPE

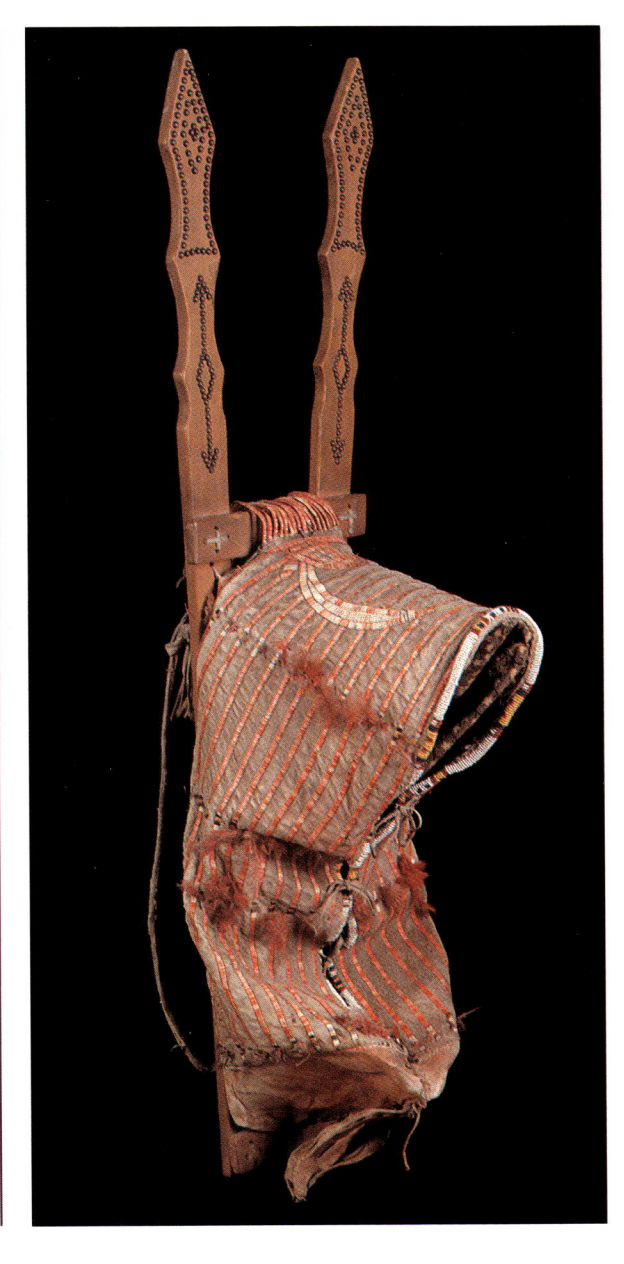

▲ **Kiowa-Mädchen, 19. Jh.** Diese zwei Kiowa-Mädchen tragen verzierte Hirschlederkleider, die über und über mit Perlen und Fransen versehen sind. Sie halten eine völlig perlenverzierte Wiegetrage, die auch noch mit Messingbeschlägen und Einlegespiegeln dekoriert ist.

▶ **Quanah Parker, Komantsche, vor 1870.** Der Kriegsführer der Kwahad-Komantschen, Wuanah Parker, focht einen verzweifelten Kampf, um die Ausrottung der südlichen Büffelherden zu verhindern. Er war der letzte Komantschenhäuptling, der sich ergab. Hier wird er gezeigt, wie er einen Kriegskopfschmuck aus Adlerfedern trägt.

▲ **Wiegetrage, Kiowa.** Babys wurden geschützt, indem man sie in Wiegetragen legte, die aus einem hölzernen Rahmen mit weichen Hirschlederhüllen bestanden und mit Moos ausgepolstert waren. Die hier gezeigte Wiegetrage weist reiche Borstenverzierungen auf, die auch einen stilisierten Büffel enthält, der sich auf dem hervorstehenden oberen Teil, das als Sonnenblende diente, befindet.

war das Sonnensymbol, mit seinem Versprechen lebensspendender Macht, das tätowierte Ehrenmal für Mädchen. Es war das Gegenstück zu den Tätowierungsmalen, die die Männer benutzten, um ihre Fertigkeiten im Krieg und ihre Fähigkeit, ihr Volk zu beschützen, bildlich darzustellen.

Abseits der öffentlichen Schau, wenn Gefühle absichtlich unentdeckt gehalten wurden, waren die Steppenfamilien eng und familienbezogen, mit vielen Bezeigungen von Zuneigung und Humor. Trotzdem war das Führen von Kriegen ihre Dauerbeschäftigung, und jeder junge Mann suchte voll gespannter Ungeduld Kriegsehren zu sammeln, um dann statusmäßig in der Wertschätzung seiner Altersgenossen und seines Stammes zu steigen. Um das zu verstehen, müssen wir die europäische Vorstellung von Kriegsführung beiseite lassen. Es gab kein Verlangen danach, einen Feind zu besiegen und Territorium zu gewinnen. Steppenkriegskunst leitete sich von einer Umwelt ab, in der individuelle Fähigkeiten den Unterschied zwischen Tod und Leben bedeuten konnten. Solche Fertigkeiten waren die Fähigkeit, entschieden zu handeln, sich fähig zu erweisen, unmittelbar zu reagieren, egal was für Umstände auftraten, und die Fähigkeit, sich mit allem auseinanderzusetzen, was die Sicherheit des Verbandes bedrohte.

KRIEGER

Der Steppenkrieger zog aus, um zu beweisen, daß er Gefahren überstehen konnte und in der Lage war, das Volk vor Kräften zu beschützen, die entweder vom Land selbst oder vom Menschen abstammten. Je mehr Tapferkeit er zeigte, um so größer war der Schutz, den er bieten konnte. Ein führender Krieger gewann Respekt und Status innerhalb des Stammes, und seine Leistungen wurden gewürdigt mit Hilfe eines umständlich kodierten Ehrensystems: die Art, wie eine Adlerfeder getragen wurde, Farbzeichen auf seinem Pferd, Kleidungsdetails und das Recht, eine hohe Position in einer Elitekriegerschaft anzustreben.

Anerkannt wurde eher Tapferkeit als Aggression, und das Töten trat selten als wichtiges Element in der Reihe der Kriegsehren auf. Es war weit gefährlicher, auf einen bewaffneten Gegner über offenes Gelände zuzurasen und ihn zu berühren, als zu versuchen, ihn zu töten oder zu entwaffnen. Bei allen Stämmen wurde diese Tat weitaus höher eingeschätzt als jede andere. Skalpierexpeditionen wurden nur nach intensivster Vorbereitung unter Anleitung eines Schamanen durchgeführt und waren äußerst ernstzunehmende Angelegenheiten. Sie sühnten den Verlust eines Stammesmitgliedes dadurch, daß durch das Zurückbringen eines Skalps eine Trauerzeit rituell abgeschlossen und das Trauern anderswohin verlagert wurde. Deshalb war der Skalp ein ehrenvolles Emblem und keine Kriegstrophäe, und bei vielen Stämmen wurde er als „Freund" bezeichnet.

Die große Mehrzahl der Kriegsunternehmungen waren Expeditionen, um Pferde zu stehlen, die von kleinen Kriegertruppen durchgeführt wurden, die damit ihre Waghalsigkeit beweisen wollten. Diese Ausflüge waren wichtig vor allem für die Einzelpersonen, die daran teilnahmen. Pferdebesitz machte es ihnen möglich, wertvolle Tauschgeschenke zur Hochzeit zu machen, die sowohl das Mädchen als auch ihre Familie ehren sollten. Pferde

Parfleche, Sioux, 1820. Diese Etuis aus bemaltem Wildleder wurden zur Aufbewahrung und zum Transport von Pemmican, den getrockneten Büffelfleischstreifen, benutzt, die als Wintervorrat aufbewahrt wurden. Das Pemmican wurde in die Mitte des Parfleche gelegt, das dann um es herumgeschlagen und mit Wildlederriemen verschnürt wurde.

Büffellederschild, vor 1850. Dieser Schild wurde aus der dicken Nackenhaut des Büffelstiers gemacht und ist stark genug, eine Kugel aus einem Vorderlader abzuhalten. Seine beschützende Macht verdankt er jedoch dem gemalten Muster, das einen Büffel darstellt, der von der Vision seines Besitzers inspiriert ist.

Tänzer der Hundegesellschaft, Minnetarree, 1833. Pehrioska-Ruhpa, einer der vier Prinzipalen der Minnetaree-Hundegesellschaft, einer Gruppe, die eine gemeinsame Vision teilte, in der der Hund sie mit seiner Macht ausstattete – stand hier Modell für Karl Bodmer.

konnten auch den Schwachen und Älteren zur Verfügung gestellt werden, wenn die Lager gewechselt wurden, was die eigene Großzügigkeit bewies. Großzügigkeit, Selbstlosigkeit und Anteilnahme am Wohlbefinden der weniger Glücklichen waren mit der gleichen Wichtigkeit belegt wie Tapferkeit. Der tapferste Krieger, sollte er nur waghalsig und aus eigenem Interesse handeln, konnte niemals die Bewunderung des Stammes gewinnen und nie in der Lage sein, eine Ehrenstellung im Stammesrat einzunehmen.

DIE BÜFFELJAGD

Kriege zu führen war ein Mittel, um innerhalb des Stammes das persönliche Ansehen zu steigern, und es wurde als Herausforderung an den einzelnen verstanden. Dennoch wurde es beherrscht und kontrolliert von den übergeordneten Interessen der Gemeinschaft als Ganzem. Ein ähnliches Konzept ließ sich auch auf die jährlichen Büffeljagden anwenden, die oft mit Kriegsführung gleichgesetzt wurden. Die Anerkennung individueller Fertigkeiten wurde erreicht durch Pfeile, die mit den persönlichen Abzeichen versehen waren, doch die Jagd selbst wurde von der Kriegergemeinschaft kontrolliert, die bestimmte, wann die Krieger das Lager verließen und welche Strategien angewandt wurden.

In den frühen Tagen, ehe die Herden dezimiert worden waren, waren die Jagden im allgemeinen erfolgreich. Obwohl Rituale unter dem Vorsitz eines herausragenden Schamanen abgehalten wurden, wenn die Herden zu weit verstreut sein sollten. Verschiedene Jagdmethoden wurden angewandt. Die Treibjagd, bei der eine aufgebrachte Herde von Jägern auf Büffelrennern (intensiv abgerichtete Pferde, die für ihre Leichtfüßigkeit, ihren Mut und ihre Fähigkeit bekannt waren, augenblicklich den Befehlen ihrer Reiter zu folgen) verfolgt wurde, war die aufregendste und spektakulärste. Eingrenzungen wurden benutzt, wenn die Möglichkeit bestand, daß die Herde sich zu weit zerstreuen würde. Die Jäger umkreisten dann die Herde, die hilflos herumwalzte und nicht in der Lage war, den Kreis zu durchbrechen. Vor allem zum herannahenden

Signalpfeifen, Assiniboine und Mandan, 1820. Signalpfeifen aus Knochen wurden von den Teilnehmern der Kriegsverbände benutzt, um Kontakt untereinander aufrechtzuerhalten, und wurden auch beim Angriff geblasen. Ähnliche Pfeifen werden auch anderen Stämmen, wie etwa den Sioux, zugeschrieben, die sie über dem Ohr angebunden trugen, so daß, wenn der Krieger auf seinen Gegner zugaloppierte, das Eindringen der Luft die Pfeife zum Ertönen brachte.

Tabaksbeutel, Ost-Sioux, gesammelt 1820. Dieser reichverzierte Tabaksbeutel ist im Stil der Waldgebiete der Großen Seen gearbeitet, einem Gebiet, aus dem die Sioux durch den Druck der Chippewa vertrieben wurden.

Winter hin, wenn die Herden dünner geworden waren, wurde ein *piskun*, ein Büffelsprung, benutzt. Dies verlangte eine kontrollierte Büffelstampede hin auf ein natürliches Hindernis zu, wie etwa einen hohen Vorsprung. Die Herde war dann unfähig, der Gefahr auszuweichen, und lieferte so jede Menge Häute, aus denen Tipibedeckungen und Winterkleidung und Bettzeug gemacht werden konnten.

SONNENTÄNZE

Viel von dem, was auf den jährlichen Jagden an Fleisch erbeutet wurde, wurde als Wintervorrat getrocknet. Trotzdem gab es mehr als genug Fleisch, um Festivitäten und Zusammenkünfte mit Frischfleisch zu versorgen. Ausgesuchte Büffelzungen wurden dem Gebrauch in heiligen Ritualen vorbehalten, vor allem denen der größeren jährlichen Erneuerungszeremonien, in denen die Welt „aufs neue erschaffen wurde". Bequemerweise werden solche Rituale der halbnomadischen Stämme als „Sonnentänze" bezeichnet, abgeleitet von der Sioux-Anspielung „in die Sonne blicken" während ihrer Feiern. Tatsächlich jedoch umfaßten so gut wie keine dieser Rituale Sonnenanbetung.

Bei den Cheyenne war das herausragende Merkmal der Erneuerungszeremonie die heilige Erde. Spiralförmige Muster wurden in gerodeten Plätzen gezogen, um Geistereinflüsse zu absorbieren. Die Spiralen wurden später herumgedreht, so daß die Geisterkraft im Volke verbreitet wurde. Bei den Crow war das zentrale Objekt der Verehrung eine geweihte Puppe, die das mythologische Kind darstellen sollte, das allen Geistersegen gebracht hatte. Die Sioux statteten ihren heiligen Büffel mit dieser Kraft aus, die sie wiederum auf die Krieger übertragen hatten, die Selbstfolter ertrugen. Die Schwarzfuß-Indianer schrieben diese Kraft in ihrer Auffassung der heiligen Frau zu. Sie war es, die den Morgenstern heiratete, von dem sie die heiligen Notoas erhielt, die alles enthielten, was den Anforderungen dauerhaften Stammeserfolges entsprachen. Diese Macht konnte jedoch nur dann voll realisiert werden, wenn ihr Sohn Narbengesicht die Monstervögel besiegte, die die Existenz der Sonne gefährdeten.

Bei den halbnomadischen Gruppen waren die Auffassungen unterschiedlich. Sie bezogen sich sowohl auf den Büffel als auch auf den Mais, wiesen aber hin auf eine umfassende vereinende Kraft. Die Osage hatten eine Serie von sieben Kriegszeremonien, die sie mit Friedenszeremonien verbanden, um das harmonische Ganze zu schaffen. Bei den Mandan kombinierten die Okipa die individuellen Aspekte der Kriegermacht mit denen des allmächtigen Büffels. Ihre Zeremonien verlangten das Opfer geweihter Individuen, die ihre Durchhaltekraft beweisen sollten, stützten sich aber auf die lebenserhaltenden Qualitäten des Büffels, um das dauerhafte Wohl und die Fruchtbarkeit des Stammes zu gewährleisten.

Bei den Skidi wurde die Macht von verschiedenen Medizinbeuteln gesogen, die Unterpfänder der Geisterkräfte enthielten. Diese konnten rituell wiederbelebt werden. Die in ihnen enthaltenen Kräfte konnten kombiniert und innerhalb der einzelnen Dörfer vereint werden von einem speziellen Beutelpriester, oder sie konnten unter der Schirmherrschaft des Abendsternpriesters zu-

Spielreifen, Mandan, 1830. Dieser Spielreif hat einen Holzrand, der mit Sehnennetzen ausgespannt ist. Er wurde als Teil eines beliebten Spieles benutzt, das die Mandan mit vielen anderen Stämmen der Region teilten. Der Reif, der das weibliche Prinzip darstellt, wurde zwischen zwei Kriegern gerollt, die versuchten, ihn mit langen Stangen, die das männliche Prinzip verkörperten, zu fangen.

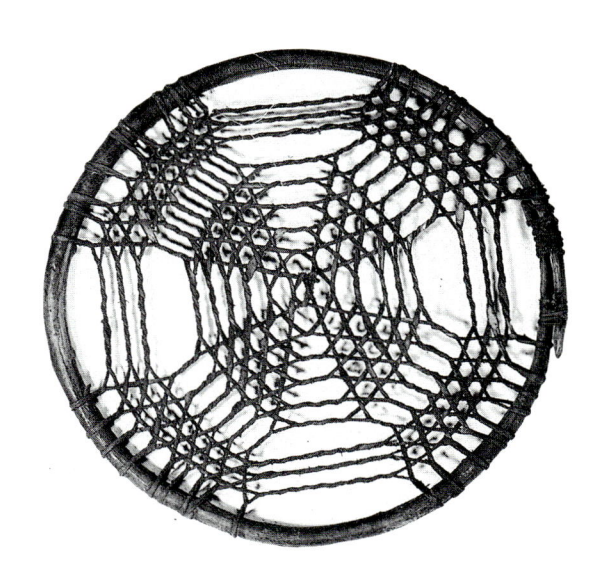

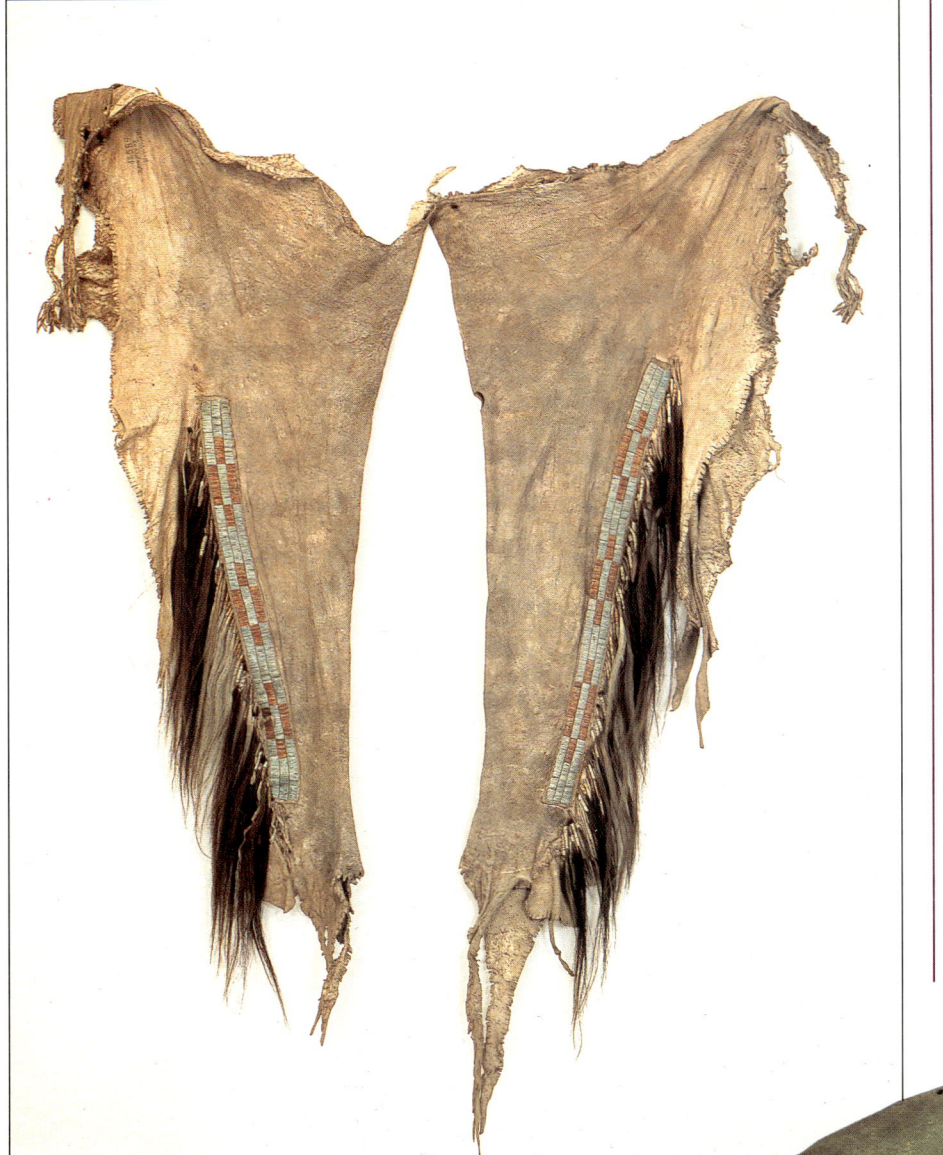

nur die Stärksten würden je die Visionen erhalten, die sie suchten. Wenn sie Glück hatten, erschien ihnen ein Traumtier, das ihnen die Lieder und das Ritual beibrachte.

WINTERERZÄHLUNGEN

Im Spätsommer lösten sich die Kreislager der Nomaden auf, und die Verbände zogen zurück zu ihren traditionellen Lagergründen entlang geschützter Flußufer. Gleichzeitig kehrten auch die Halbnomaden in ihre Dörfer zurück für die Herbsternte. Der Winter wurde engversammelt um die Feuer der Tipis und Wigwams verbracht. Man hörte den Erzählungen und Mythen zu, die in den Sommermonaten, wenn Energie für unmittelbare wirtschaftliche Bedürfnisse aufgebracht werden mußte, als unglücksbringend galten.

Durch die Erzählungen erst wurden die Leute daran erinnert, warum die Welt geschaffen worden war und wie ihre Verantwortung und ihre Pflichten definiert waren. Aber die Erzählungen hatten unterschiedliche Bedeutung, abhängig davon, wem sie erzählt wurden. Den Kindern brachten sie die Lebensweisen der Menschen und Tiere bei und erklärten das Bedürfnis, Respekt zu zeigen und nie mehr zu nehmen, als unbedingt nötig war. Jungkrieger erfuhren etwas über ihre Rolle als Beschützer und über die Wichtigkeit dauernder Wachsamkeit. Mädchen wurden daran erinnert, daß Keuschheit und Reinheit heilig waren und daß sie, letztendlich, das Leben des Stammes erhielten. Die Leute mittleren Alters lauschten aufmerksam und versuchten, den tieferen Sinn sammengeführt werden, der allein Kenntnis aller verschiedenen Beutelzeremonien besaß. Seine Rolle war passiv – er leitete nie die Zeremonien –, aber sein Verständnis war das mächtigste, weil er die Elemente Erde und Himmel zusammenbrachte. Der Zeremonialismus der Skidi wird als der komplexeste in ganz Nordamerika angesehen.

PERSÖNLICHE VISIONEN

Jeder Mann, und gelegentlich auch eine Frau, versuchten, die Geistermächte individuell zu kontaktieren und so eine Form übernatürlichen Geistesschutzes zu erlangen. Diese Machtgewinnung lief über eine Visionensuche ab. Der Suchende ging zur Spitze eines hohen Felsvorsprunges, der das Heim der Vorfahren war. Umgeben von Relikten der Vergangenheit, versuchte er hier Kontakt aufzunehmen mit den Geistern, indem er fastete und Rauch aus einer geweihten Pfeife darbrachte und sie bat, ihm ein Zeichen zu gewähren. Er bat um das Wissen um Lieder und Gesichtsfarben, die er benutzen könnte, um ihr Geschenk in Zukunft wieder zu beleben. Die Geister gaben ein solches nicht so einfach. Sie mußten herausgefordert werden, und Macht mußte verlangt werden, und

Leggins, Yantona-Sioux, 1820. Diese Leggins bestehen aus Pronghornleder und haben Borstenstreifen, von denen Haare herabhängen. Das Haar, das wahrscheinlich von Skalpen von Gegnern stammt, weist den Träger als prominenten Krieger aus. Es wurde in verschiedene Strähnen geteilt, um an den Leggins festgemacht zu werden.

Schild, Palins-Cree. Dieser Büffellederschild trägt visionäre Bilder sehr abstrakter Natur, welche sich aber auf himmlische Mächte zu beziehen scheinen. Die zentralen Figuren können sehr wohl die der Sonne und des Mondes sein, was als Sicherung eines langen Lebens gedeutet werden kann. Es ist jedoch ungewöhnlich, daß die Sonne auf diese Art benutzt wird.

zu verstehen, den die Geschichten enthielten, um so einen Einblick in die Welt der Geister und des Nicht-Verstehbaren zu bekommen.

Die Ältesten, die diese Geschichten erzählten, schwelgten in der Vergangenheit. Ihre Gedanken weilten bei den Mächten, die das Land durchzogen, bei den Büffeln, der zackengehörnten Antilope, dem Grizzlybär und den unzählig vielen anderen Tieren, mit denen sie das Land teilten. Meist aber betrachteten sie die Ereignisse des vergangenen Jahres und legten dar, ob das Volk dem „wahren Weg" gefolgt war, der ihnen von ihren Altvorderen vorgegeben war.

Buffalo Bull's Back Fat (Büffelstiers Rückenfett), Blackfoot, 1832. Als George Catlin ihn malte, war dieser großartig gekleidete Mann Oberhäuptling der Blutabteilung der Blackfoot. Seine Hirschlederkleidung ist verziert mit Stachelschweinborsten-Arbeiten, genauso wie der Hals der Pfeife, die er hält.

VIERTES KAPITEL

Die Fischer der Nordwestküste

Die Nordwestküste ist eine mysteriöse und magische Region. Dichte Nebel und schwere Regenfälle verschleiern die Umrisse der Riesenzedern und wandeln sie in vage Formen mit geisterhafter Präsenz um. Es ist ein Gebiet felsiger Buchten und Fjorde, in denen Wasser, Land und Himmel zu einer kontinuierlichen Form zusammengemischt sind. Ein Gebiet, wo eine Unterscheidung zwischen festen und flüssigen Stoffen nie nachvollzogen werden kann. Die hohe Humidität zersetzt gefallene Bäume und bedeckt sie dann teppichgleich mit Moos, um den Eindruck festen Bodens zu erwecken, aber der Boden ist verräterisch und trägt nicht. Dieser enge, wilde Streifen gemäßigten Regenwaldes, oft nicht breiter als 50 Meilen (80 Kilometer), erstreckt sich über 1200 Meilen (1900 Kilometer) der Küste Britisch-Kolumbiens und Südalaskas entlang. Er ist permanent vom Kontinent isoliert durch die großen Gipfel der Küstenberge und der Rocky Mountains.

EIN LAND DER GEISTER

Es war eine angenehme Behausung für die Tsonoqua, die wilde Frau der Wälder, deren Ruf jedesmal dann gehört werden konnte, wenn der Wind durch die Wipfelzweige

Bemalte Hausfront, Kwakiutl, vor 1899. Dieses Plankenhaus wurde in der Nimkish-Siedlung in der Alert Bay, Vancouver Island, aufgenommen. Senkrechtes Verplanken läßt darauf schließen, daß das Haus schon sehr alt war, als die Aufnahme entstand, da waagrechte Planken schon einige Zeit vor 1900 große Mode waren. Das Gemälde stellt den Donnervogel dar, der gerade einen Wal davonträgt.

der Bäume strich. Ihr Ehemann, Bokwus, sammelte die Seelen all derer, die in den gefährlichen Strudeln und Wirbeln ertrunken waren, die zwischen den zahllosen Inseln verliefen. Komokwa, der Herr der Ozeane, residierte in einem Haus, wo er von Seehunden versorgt wurde, und er konnte den Killerwalen befehlen, für ihn zu jagen. Auch Hoxhox, der Monstervogel, und Baxakualanusxsiwae, der Kannibale am Ende der Welt, lebten hier. Sie regten die Hamatsa-Gesellschaftstänze an und machten sie waghalsig in Aktion und geisterhaft in ihrem Verhalten, selbst das Echo war die Stimme der Toten, die achtlose Worte wiederholten, die von den Lebenden zu laut gesprochen wurden.

Diese Küstenstriche waren Heimat für eine Anzahl von Stämmen, die keine untereinander verwandte Sprache sprachen, ansonsten aber eine homogene Gruppe darstellten. Die natürlichen Hindernisse des Landes verhinderten größere Einflüsse aus anderen Gebieten. Im Süden waren die Stämme der Küsten-Salish der Vancouver-Insel und des benachbarten Festlandes. Sie teilten sich die Vancouver-Insel und die nahe Meeresküste mit den Kwakiutl-Gruppen, und die Inlandküsten mit den Nootka. Andere Kwakiutl-Gruppen lebten auf dem Festland und nördlich von ihnen, gegenüber den Queen-Charlotte-Inseln, waren die Bella Coola. Die Queen-

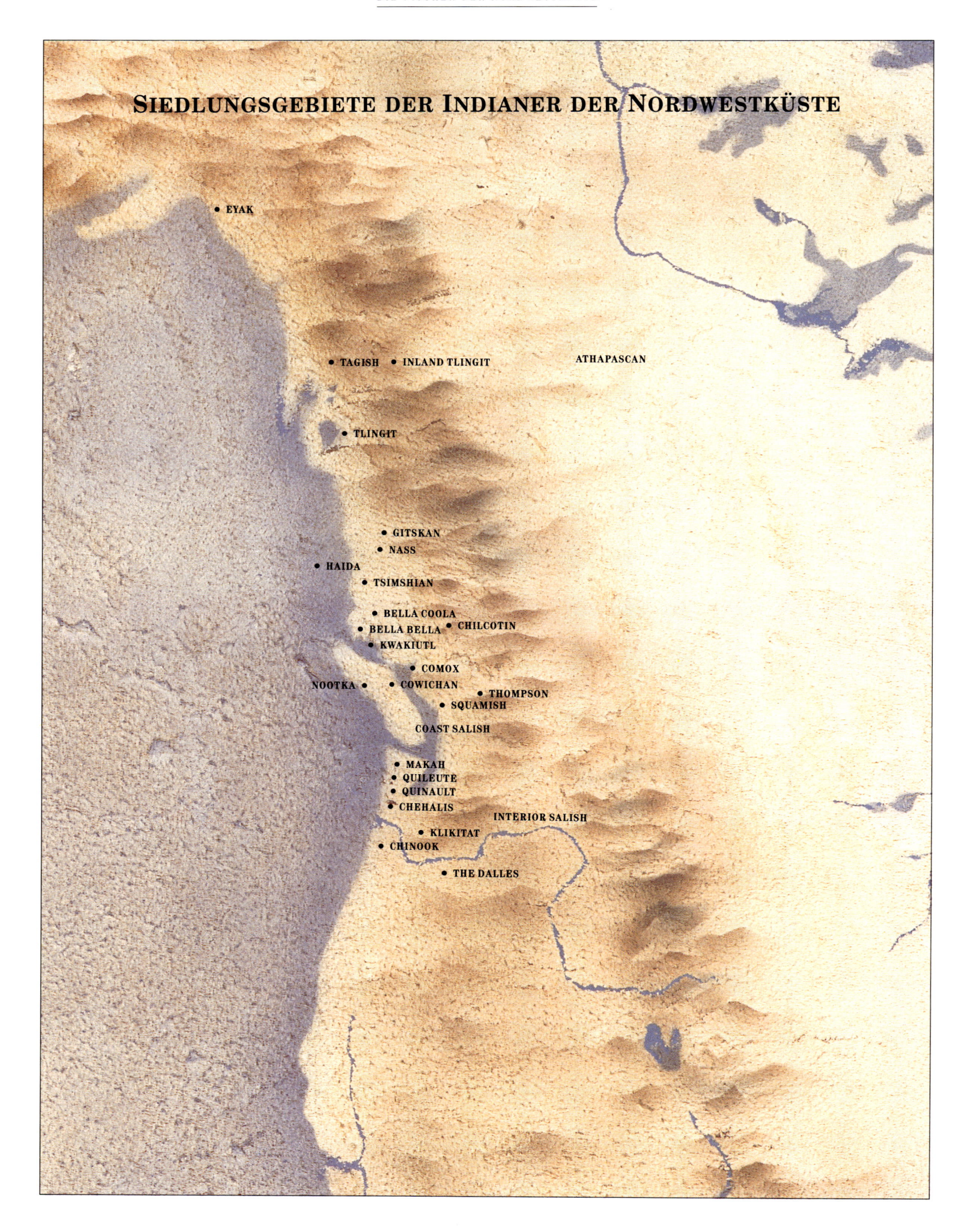

SIEDLUNGSGEBIETE DER INDIANER DER NORDWESTKÜSTE

- EYAK
- TAGISH
- INLAND TLINGIT
- ATHAPASCAN
- TLINGIT
- GITSKAN
- NASS
- HAIDA
- TSIMSHIAN
- BELLA COOLA
- BELLA BELLA
- CHILCOTIN
- KWAKIUTL
- COMOX
- NOOTKA
- COWICHAN
- THOMPSON
- SQUAMISH
- COAST SALISH
- MAKAH
- QUILEUTE
- QUINAULT
- CHEHALIS
- INTERIOR SALISH
- KLIKITAT
- CHINOOK
- THE DALLES

DIE FISCHER DER NORDWESTKÜSTE

Maske, Tsimshian oder
Tlingit, 19. Jh. Dies ist die
Maske des Tierhausgeistes
eines Schamanen und
vereint menschliche und
tierische Attribute. Die
Maske ist poliert mit einer
Bleipolitur, die das Licht
des Feuers während einer
Aufführung reflektiert.

Charlotte-Inseln selbst wurden von den Haida bewohnt. Die anderen großen Stämme besaßen Dörfer an den Flußbuchten und Inseln weiter nördlich. Diese Stämme waren die Tsimshian und die Tlingit.

All diese Völker waren zutiefst beeinflußt von Geistermächten, die mit entfernten Menschtierahnen ihrer Stämme assoziiert waren. Diese Geistermächte übten übernatürlichen Schutz aus in der Form von Totemprivilegien. Solch mächtige Ahnen wie Adler, Rabe, Killerwal oder Wolf schufen einen sicheren Hintergrund in der Kultur der Nordwestküste. Frühe europäische Forscher und Händler waren erstaunt und beeindruckt, als sie das erste Mal in diese Gegend kamen und die massiven Plankenhäuser sahen. Die Häuser säumten die Flußbuchten, ihre Frontseiten angemalt mit den Bildern der Sippentotems. Reihen geschnitzter und bemalter Willkommensfiguren mit ausgestreckten Händen, die zeigen sollten, daß sie keine Waffen trugen, standen vor den Häusern. Die Formen der Figuren hoben sich deutlich vom Grün der Wälder ab, die hinter den Dörfern abrupt anstiegen und im Nebel verschwanden.

Totempfahl, möglicherweise Bella Coola, 19. Jh. Dieser Totempfahl ist immer noch ein imposanter Anblick, obwohl er schon viel Farbe verloren hat. Die dargestellte Figur ist wahrscheinlich ein Biber, aber da die den Biber normalerweise charakterisierenden vorstehenden Schneidezähne fehlen, könnte es auch ein Bär sein, der einen Fisch gefangen hat.

TOTEMFIGUREN

Alles, was diese Leute besaßen, war mit Totemfiguren ausgeschmückt. Hauspfosten waren kunstvoll geschnitzt und entwickelten sich zu überragend hohen Totempfählen, als die Indianer mit Metallklingenwerkzeugen in Berührung kamen. Geschnitzt waren auch die Einbaumkanus, hölzerne Vorratskisten, Schlafpodeste, Schüsseln und Gefäße, Schöpflöffel, Löffel, selbst Angelhaken. Materialien, die sich nicht zum Beschnitzen eigneten, wie etwa die Matten und Capes aus zerkleinerter Zedernrinde, Decken, die aus Bergschafwolle und Hundehaaren gewebt waren, und Korbwaren, wurden mit Totemzeichnungen versehen, die mit Hilfe farbiger Riede und Gräser, gefärbter Wolle oder Farbe aufgetragen wurden.

Obwohl keine Oberfläche freigelassen wurde und kein Raum nicht mit diesen hochstilisierten Repräsentationen gefüllt wurde, war dies doch keine rein dekorative Kunst. Eine Vogelfigur, die in einen durchsichtigen Schöpflöffel aus gedämpftem und gebogenem Bergschafhorn geschnitzt war, verwandelte z. B. den Gegenstand in etwas, was eigene magische Eigenschaften besaß. Hier wurde im einfachen Akt des Essenservierens die Verbindung mit den Ahnenkräften und den anderen Mitgliedern der eigenen Sippe wiederhergestellt. Selbst ein Fremder aus einem anderen Stamm und mit einer anderen Sprache konnte Unterkunft und Schutz bei Leuten seines eigenen Sippenzeichens finden. Zeichnungen und Schnitzereien sagten ihm oder ihr sofort, welche Häuser ihm freundliche Aufnahme gewähren würden und in welchen er oder sie unwillkommen wäre.

SOMMERDÖRFER

Die Dorfstätten, die oben beschrieben wurden, waren nur während der Tsetseka, der heiligen Winterzeit, bewohnt. Im Frühling zogen die Leute in die Sommerdörfer, die sich nahe der lachsführenden Flüsse und Beerengründe befanden. Lachs laichte in diesen Flüssen in solch enormer Zahl, daß der Sommerfischfang die Hauptnahrungsquelle für die meisten Stämme darstellte. Riesige Mengen an überschüssigem Fisch konnten getrocknet und im Winter an Festen benutzt werden, wenn die meisten Rituale stattfanden. Das Wasser lieferte auch noch andere Ressourcen, wie Heilbutt und andere Fischarten sowie die Schalentiere, die im Speiseplan wichtig waren, und die Nootka betrieben sogar von ihrem Einbaum aus den Walfang mit der Harpune. Seetang wurde gegessen, ebenso wie andere Algen. Wurzeln, Samen und Beeren konnten leicht gesammelt werden. Gelegentliche Binnenjagdtiere, wie Rotwild und Bär, ergänzten eine ansonsten beinahe ausschließliche Meerwirtschaft.

POTLACHS

Die Ressourcen des Landes waren so reichhaltig, daß der Winter beinahe vollständig zeremoniellen und sozialen Aktivitäten gewidmet werden konnte. Dies führte auch zur Herausbildung einer Art Oberschicht, deren Position und Rang vererbbar war und mit denen das Recht verbunden war, bestimmte Privilegien zu besitzen

Hauspfosten, Küsten-Salish, 19. Jh. Diese Pfosten waren Teil einer ganzen Reihe von Pfosten, die einst das Dach des massiven Versammlungshauses Cowichan nahe des heutigen Duncan, Vancouver Island, trugen. Sie stellen Figuren dar, die Otter halten. Der Otter galt als Vorfahre der Cowichan und wurde in großer Verehrung gehalten.

und auszuüben. Diese Rechte mußten jedoch gültig gemacht werden, und das Hauptinstrument dazu war das Geschenkeverteilen während eines Potlachs. Kleinere Potlachs wurden zur Gültigmachung kleinerer Rechte abgehalten, um das Ohrringstechen eines Mädchens oder die Erlangung eines Erwachsenennamens zur Pubertät zu markieren. Für Leute niedrigen Ranges bedeutete das nur, daß die nächste Familie eingeladen wurde und Geschenke verteilt wurden, mit denen ihre Anwesenheit gewürdigt wurde.

Der Status bestimmte im allgemeinen die Anzahl der Gäste an einem Potlach sowie auch die Rolle der anderen Sippen- und Familienmitglieder. Zur Bestätigung höchstrangiger Positionen – wenn z. B. der Sohn eines Sippenführers den Status eines Elternteils übernahm – konnte es für notwendig erachtet werden, verwandte Sippen anderer Dörfer einzuladen. Die Zahl der verteilten Geschenke spiegelte die Bedeutung der zu bestätigenden Position wider wie auch die Großzügigkeit der Gastgeberfamilie.

Zu großen Potlachs kamen die Gäste in riesigen Einbäumen übers Meer – einige konnten bis zu dreißig oder vierzig Leute fassen –, die brillant bemalt waren und große, geschnitzte Buge hatten, die das Totem der Sippe trugen, der sie gehörten. Eine kostümierte Figur, die den Bären, den Adler, den Dornenvogel oder andere prominente Ahnen der Sippenmythologie darstellte, tanzte am Bug zum rhythmischen Gesang der Mannschaft und dem hypnotisierenden Schlag der Paddel auf den Dollborden des Bootes. Das gleichzeitige Eintreffen mehrerer solcher Kanus war eine mächtige und imposante Darstellung der Stärke und Solidarität einer Sippe.

Die Gäste wurden am Ufer von der Gastfamilie begrüßt und feierlich zum Sippenhaus gebracht. Hier saßen sie auf erhöhten Stufen, je nach Rang und Status, und lauschten den langatmigen Reden, die die Geschichte der Sippe wieder aufrollten. Es ging in diesen Geschichten darum, wie einst ein Ahne von einem Geist unterwiesen worden war, etwa einem Adler, Biber oder Bären. Der Geist hatte übernatürliche Macht und dem Ahnen ein privilegiertes Recht verliehen, dies durch das Tragen einer bestimmten Maske und die Aufführung eines bestimmten Tanzes auszudrücken. Dieses Recht des Ausdrucks wurde von Generation zu Generation weitergegeben, und die Potlaches feierten die Weitergabe von einem früheren zu einem neuen Eigentümer.

Häuptlingstochter, Salish, frühes 19. Jh. Die Mattenabdeckungen an der Hauswand und die Muster der Körbe lassen darauf schließen, daß die Familie im Landesinneren lebte, am Columbiafluß entlang, von wo aus sie wohl regelmäßig das Handelszentrum Dalles aufsuchte, um mit ihren Sprachverwandten aus Nordkalifornien Handel zu treiben.

Korb, Salish. Der Korb ist hier von größerer Art und wurde für die Lagerung von Nahrungsmitteln benutzt. Das Muster wird durch das Einweben gefärbter natürlicher Materialien, weniger durch den Gebrauch von Färbemitteln, erreicht.

TANZGESELLSCHAFTEN

Obwohl der Potlach im wesentlichen säkular war, trat er doch auch in Ritualen mit geweihterem Charakter immer deutlicher auf. Der Grund dafür war, daß die Rituale, zusammen mit den damit verbundenen Tanzmasken, Kostümen, Namen und Liedern alle als eine Art von Besitz gesehen wurden, der in den Händen der Tanzgesellschaft war. Die Mitgliedschaft in einer dieser Gesellschaften verlief parallel zu der der Sippe und wies ähnliche Rangpositionen auf. Der Zutritt zu diesen Positionen hatte durch Geschenkverteilung bestätigt zu werden. Beträchtliche Summen konnten für die höchstrangigen Positionen, die nur von Söhnen führender Sippenmitglieder angestrebt werden konnten, fällig sein.

Tanzgesellschaften erreichten ihre größte Entwicklung bei den Kwatiutl und Tlingit und waren reines Drama und großartiges Theater. Die spektakulärsten Tänze waren die der Hamatsa-Gesellschaft, deren Mitglieder von den Kannibalengeistern inspiriert waren. Diese Tänze fanden innerhalb des führenden Sippenhauses statt, das rituell gereinigt und vorbereitet worden war. Sie markierten die Aufnahme eines neuen Initiierten und sollten schockierend wirken.

Körperlose Stimmen ertönten aus der Tiefe der Feuer, und Geisterfiguren flogen in Kopfhöhe durch den Raum. Nan, der Grizzlybär, versperrte den Eingang des Hauses, während Nunltsistalal, der Feuerwerfer, mit der bloßen Hand glühende Kohlen vom Feuer nahm und sie rücksichtslos umherwarf. In der Zwischenzeit lärmte der

Hamatsa-Tänzer, Kwakiutl, frühes 19. Jh. Dieses Mitglied der Hamatsa-Gesellschaft trägt Zeremonialregalien. Sein Kopfreif und Halsreif sind aus zerriebener Rotzedernrinde gewoben, ein Symbol der Gesellschaftsmitgliedschaft. Rotzedernrinde war heilig und durfte nur während der winterlichen Tsetseka-Saison verwendet werden.

Maskentanz, Kwakiutl, frühes 19. Jh. Dieses Bild zeigt viele der übernatürlichen Tierfiguren, die die Kwakiutl inspirierten. Zwischen den Tänzern im Vordergrund findet sich der mystische Rabe mit seinem langen, spitzen Schnabel und der Donnervogel, mit einem kürzeren, gebogenen Schnabel.

Kaugeisttänzer durch das Dorf und zerstörte wertvolle Besitztümer und bedrohte jeden, der ihm zu nahe kam. Eine junge Frau, Kinqalalala, tanzte nackt und trug dabei eine Leiche, um die Hamatsa anzulocken. Der Novize, den ihre Erscheinung aufgeregt machte und der den Geist, von dem er besessen war, nicht kontrollieren konnte, biß den Zuschauern in die Arme, ehe er zurückgehalten und in einen Raum in der Rückseite des Hauses geführt wurde, um sich dort zu erholen. Der Novize tauchte dann noch mehrere Male wieder auf zum Tanzen, sichtlich erstarkend, bis er endlich fähig war, den Geist zu beherrschen und in die Gesellschaft aufgenommen zu werden.

Alles an dieser Aufführung war unecht. Die Stimmen kamen aus dem Feuer mittels Seetangstengel, die unter den Boden gelegt wurden. Die Geisterfiguren waren Puppen. Die Leiche war eine Attrappe. Selbst der Sachschaden und die Verletzungen wurden im voraus arrangiert und eine passende Entschädigung ausgehandelt – sie wurde zu einem späteren Zeitpunkt ausbezahlt, während eines Potlachs, den die Hamatsa-Gesellschaft ausrichtete.

Ähnliche, aber höhere Zahlungen wurden auch während der anderen größeren Tanzreihen der Kwatiukl, der Dluwulaxa oder Den-von-dem-Himmel-Herabsteigenden gemacht. Die Stellungen bei den Dluwulaxa-Tänzen waren sogar noch bedeutender und konnten eine ganze Reihe von Potlachs erfordern. Diese Tänze hatten nicht die furiose Energie, die durch Kannibalen inspiriert wurde, und doch waren sie gleichermaßen beeindruckend. Die Tänzer trugen riesige, geteilte Masken, geschnitzt und bemalt, manche davon so groß, daß ein Helfer benötigt wurde, der das Gewicht tragen helfen mußte. Die Masken stellten die Tierahnen des Volkes dar. Ein Tänzer konnte die wogenden Bewegungen des Killerwals nachahmen, während ein anderer in der Verkleidung eines Moskitos wie wild hin- und herschoß. Das Wesen vieler Masken entstammte dem moosbewachsenen Land, wo der wahre Charakter der Dinge sich hinter einem völlig anderen Gesicht verbergen konnte. Ein Tänzer, der eine finstere Maske trug, konnte durch das Ziehen einer verborgenen Schnur eine innere Sonne enthüllen.

Sowohl in der Hamatsa- als auch in der Dluwulaxa-Gesellschaft war die Anzahl privilegierter Positionen begrenzt. Initiationen konnten also nur dann stattfinden, wenn sich ein bestehendes Mitglied zurückzog. Da der Status eifersüchtig bewacht wurde, wurden Tanzpositionen oft vom Vater an den Sohn weitergegeben. Dies förderte eine Situation, wo sowohl soziale als auch zeremonielle Rangstellungen im allgemeinen von der gleichen Person eingenommen wurden. Das Demonstrieren von Privilegien konnte nur von Männern ausgeführt werden, aber oft, vor allem bei den nördlichen Stämmen, war das Abstammungssystem matriarchalisch: Die Männer „vertanzten" nur die Macht, die eigentlich in den weiblichen Stammeslinien besessen und vererbt wurde.

DIE FISCHER DER NORDWESTKÜSTE

Nimkishdorf, Kwakiutl. Von besonderem Interesse dieses frühen Stiches ist das Fehlen von Totempfählen, die sich erst nach der Verfügbarkeit von Eisenwerkzeugen entwickelten. Auch von Interesse ist die Terrassennatur des Dorfes. Sippen besaßen bestimmte Wohngebiete, und mit der Bevölkerungsexpansion wurden neue Häuser einfach oberhalb der alten gebaut.

Gekrümmter-Schnabel-Maske, Kwakiutl, 1915. Masken wie diese waren Teil der Tanzreihe der Hamatsa-Gesellschaft und stellten übernatürliche Wesen dar. Herausragend unter ihnen war Galokwudzuwis, Gekrümmter-Schnabel-vom-Himmel, dessen Maske hier gezeigt wird. Im Unterschied zu anderen Hamatsa-Masken ist die des Gekrümmten Schnabels aller Wahrscheinlichkeit nach von Frauen getragen worden.

Rabenmaske, Kwakiutl, 19. Jh. Der Rabe tritt bevorzugt in der Mythologie und den Ritualen der Kwakiutl auf und wird oft in Masken dargestellt. Einige davon waren ausgearbeitet. Diese hier hatte einen Schnabel, der sich öffnen läßt, und eine lange, an einem Scharnier befestigte Zunge. Das Auge läßt sich, wie die Detailphotos zeigen, öffnen und schließen.

Knopfdecke, Tsimshian, ca. 1900. Nach der Einführung europäischer Handelsartikel wurden viele Zeremonialumhänge aus Handelstuch und nicht mehr aus Bergziegen- und Hundehaar hergestellt. Schildpattknöpfe wurden anstelle der früheren Muschelscheiben benutzt, was diesen Umhängen den volkstümlichen Namen „Knopfdecken" einbrachte.

GEISTERGESANG

Die Zurschaustellungen der Südküsten-Salish waren vom Charakter her ganz anders als die der zentralen und nördlichen Gebiete. Es gab wenig Maskentänze, und nur Swaie-Swaie, eine Schöpferfigur in der Form eines übernatürlichen Vogels, der sich in einen See stürzte, hatte eine eigenständige Maske. Das Recht, diese Maske zu tragen, wurde innerhalb der führenden Familien vererbt und mußte bestätigt werden. Andere Tänze jedoch stammten aus Visionen als Folge persönlichen Kontaktes mit den Geistern und nicht von altertümlichen Privilegien, die von den Ahnen weitergegeben wurden. Diese „Traumdramatisierungen" waren sehr individuell und verlangten keine vorherige Manifestation. Somit war es ihnen möglich, außerhalb des Rahmens der nach Rang geordneten Tanzstellungen zu bleiben, wie man sie sonst findet.

Obwohl die Visionen persönlich waren, konnten doch die kontaktierten Geister in Gattungsklassen eingeteilt werden, wie z.B. die Tier-, Wasser- oder Berggeister. Jede dieser Klassen hatte einen eigenen Trommelrhythmus, der mit ihr verbunden wurde. Während dieser Aufführungen, die manchmal auch als „Geistergesang" bezeichnet werden, wurden die Rhythmen dazu benutzt, Trancen herbeizuführen, in denen der Tänzer und der Geist in einen Zustand der Kompatibilität und Harmonie gebracht wurden. Dies war weit entfernt von der inhärenten Rivalität, die in den Statusaufführungen anderswo impliziert war. Die persönliche Natur der Visionen vermochte es, den Geistergesang effektiv davor zu bewahren, wesentlich durch den Lauf der Zeit verändert zu werden, und diese Tänze existieren heute noch in nahezu unveränderter Form.

DER WOLFSTANZ

Bei den Nootka, die leidenschaftlich unabhängig und konservativ waren, erhielt sich vielleicht die Ahnform der Tänze der Gesellschaften der ganzen Küste. Es war dies der Nutlam, oder Wolfstanz, der die Tage beschrieb, als die Wölfe noch die Menschen lehrten, in Gemeinschaften zusammenzuleben, und ihnen die Hierarchien gaben, die im menschlichen Zusammenleben so wichtig sind. Teil des Tanzes war das Wegtragen eines Novizen durch die Wölfe. Ihm wurden die Gebräuche, Rituale und Lieder beigebracht, so daß er dieses Wissen nach seiner Rückkehr an sein Volk weitergeben konnte. Auffällig ist, daß das Land der Wölfe ein weit entferntes war, begraben in den Tiefen mythologischer Zeit und verweisend auf tie-

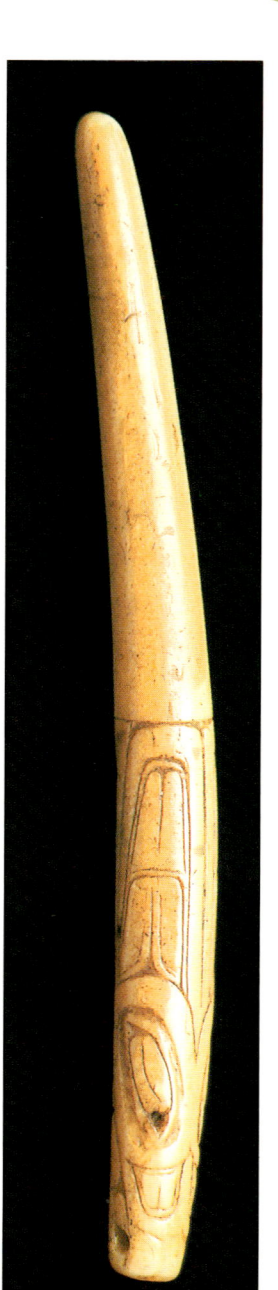

Portraitmaske, Haida, 1825–1875. Diese Maske hat auf dem Gesicht farbige Motive, die auf die Sippengesichtsbemalung derjenigen Person hinweist, die die Maske darstellen soll. Solche Masken wurden während der Potlachs von hochgestellten Personen getragen und demonstrierten die Privilegien, die in der Familie weitergegeben worden waren.

Hauspfosten, Haida, 19. Jh. Haida-Schnitzer waren berühmt für die Feinheit und Zartheit ihrer monumentalen Schnitzereien, die oft mit einfachen Farbtupfen in Rot und Schwarz versehen wurden, im Gegensatz zu den vielfarbigen Bemalungen der Kwakiutl und Bella Coola. Die hier abgebildeten Pfosten haben jede Farbe verloren, die sie je besessen haben mögen.

Walroßelfenbeinschnitzerei, möglicherweise Tlingit, 19. Jh. Dieser geschnitzte Gegenstand ist durchstochen, so daß er angehängt werden kann, und ähnelt den Halsketten, die von Tlingitschamanen getragen wurden. Wahrscheinlich wurde er zum Kopfkratzen benutzt, obwohl ähnliche Formen auch als Nasennadeln getragen wurden.

risch-menschliche Vorfahren. Im Gebrauch dieses Wissens, das von den Wölfen in der Gegenwart gewonnen wurde, verbanden sich die Nootka eng mit der Vergangenheit.

Während des Nutlam unterhielten sich der Novize und die Wölfe in einer für Nichtinitiierte unverständlichen Sprache. Ein ähnlicher Gebrauch „altertümlicher" Sprache als Abbildungsform des Geisterkontakts fällt auch bei den Heilritualen der Nordwestküstenschamanen auf, die ihre Fertigkeit ererbten wie andere ihre Ränge oder Positionen. Die Macht der Schamanen war nicht die der Sippentotems, die in säkularem Zusammenhang ausgedrückt wurden. Jedoch stammten diese Mächte nichtsdestoweniger aus der gleichen Zeit menschlich-tierischen Zusammenlebens. Damit ein Schamane effektiv war, war es oft nötig, eine spirituelle Reise zurück an die Stelle zu unternehmen, wo er und die Geister in der Lage sein würden, sich miteinander zu unterhalten.

ÜBERNATÜRLICHE REISEN

Die meisten Krankheiten, die mit Kräutermethoden nicht kuriert werden konnten, wurden als Folge eines „Seelenverlustes" aufgefaßt. In solchen Fällen versuchte der Schamane, die verlorene Seele wieder einzufangen, ehe sie ins Land der Toten zurückkehrte. Falls die Krankheit leicht war, konnte er die Seele etwa über dem Kopf des Patienten schweben sehen „wie einen Schmetterling" und sie ihrem Besitzer ganz einfach wieder in die Hand drücken. In ernsteren Fällen mußte er eine übernatürliche Reise unternehmen, bei der die wiedererlangte Seele in ein spezielles „Seelenfang"-Amulett plaziert wurde – ein geschnitztes Elfenbeinrohr, dessen Enden mit Zedernholzrindenkorken verschlossen werden konnten. Sobald aber eine Seele das Land der Toten erreicht und

Nootka-Mädchen, 1915. Aufgenommen im Dorf Hesquiat, dieses Mädchen trägt Zedernrindenornamente, die in die Haare der Jungfrauen am fünften Morgen ihrer Menarchezeremonie eingebunden wurden. Diese sind mit Handelstuch umschlagen, das mit Schildpattknöpfen verziert ist. Sie trägt auch ein Zedernrindencape.

Flechthut, Nootka, vor 1780. Der Hut weist die Abbildung einer Harpunen-Waljagd auf, einer Aktivität, für die die Nootka berühmt waren. Diese Art verzierter Hut mit einer Zwiebelspitze wurde nur von Häuptlingen getragen, die auch die einzigen waren, denen der Harpunenwurf gestattet war.

DIE FISCHER DER NORDWESTKÜSTE

vom Essen dort gekostet hatte, das ungenießbar war für die Lebenden, war sie verloren.

Küsten-Salishschamanen bauten „Geisterkanus" aus bemalten Planken, in denen dann solche übernatürlichen Reisen unternommen werden konnten. Schamanen anderer Gegenden reisten angeblich unter dem Meer, wo sie mehrere Stunden blieben, während der sie zu den Aufenthaltsorten der Geister unterwegs waren. Sie kehrten zurück mit Blut, das ihnen aus der Nase strömte, und stammelten Worte, die nur sie und die Geister verstehen konnten.

Jeder Schamane galt einfach nur als Körper, durch den ein früherer Schamane seine Macht ausübte. Da der frühere Schamane in ähnlicher Weise auch mit einer früheren Existenz verbunden war, ließ sich die schamanistische Abstammungslinie auf altvordere Individuen zurückverfolgen, deren Stimmen immer noch sprachen. Dies schuf eine separate Abstammungslinie der Schamanen, die der der Sippen verwandt war, und diente dazu, die Schamanen von jedem anderen Mitglied der Gemeinschaft zu unterscheiden. Schamanen lebten separat, außerhalb der Dorfgrenzen, wo sie esoterische Rituale praktizierten und Wissen anwandten, das anderen verschlossen war. Wenn sie starben, wurden ihre Gebeine in spezielle Grabhäuser gelegt, die nie verrotteten, sondern sich langsam und gleichmäßig in die Erde senkten. Ihre Stimmen konnten in jüngeren Schamanen wiedergehört werden, aber ihr Geist fuhr fort, die Buchten und Flußarme zu regieren – niemand würde es wagen, sein Kanu

Skidegate-Dorf, Haida, 19. Jh. Dieses Dorf auf der Queen-Charlotte-Insel zeichnete sich durch eine Fülle von Totempfählen aus.

Tanzschürze, Tlingit, 1850–1875. Diese bemalte Hirschlederschürze von Cape Fox, Alaska, wurde wohl von einem Schamanen getragen und stellt die übernatürlichen Tiere dar, die ihm halfen.

Maske, Sitka Tlingit, frühes 19. Jh. Bemalte Elemente lassen auf Sippenkennzeichen schließen, und die Federformen oberhalb des rechten Auges deuten auf einen Adler oder einen Habicht hin.

Schamanenpuppen, Tlingit, 19. Jh. Während der Heilungsriten und magischen Vorführungen wurden diese Puppen geheimnisvoll in Szene gesetzt. Diese Figuren waren Marionetten, wie die her gezeigten, und wurden in hölzernen und geschnitzten Kisten zusammen mit anderen schamanistischen Kultgegenständen aufbewahrt.

Dolch, Tlingit, 19. Jh. Der Dolch ist aus geschlagenem Kupfer mit einem geschnitzten Holzgriff, der mit Fäden umwickelt ist. Das Tier am Griff kann entweder ein Wolf oder Bär sein. Solche zweischneidigen Dolche wurden im Kriegsfall benutzt, also würde jedes der beiden Tiere passen.

durch ein Gebiet zu steuern, das vom Geist eines Schamanen beschützt wurde, ohne nicht vorher eine Gabe ins Wasser zu werfen, die sicheres Geleit garantieren sollte.

SOZIALER WETTBEWERB

Die Schamanen, wie auch die Tänze der Hamatsa, Dluwulaxa und Nutlam, waren mit den altertümlichen Mächten verbunden. Alle Ausdrucksformen der Nordwestküsten-Kultur waren jedoch nur deshalb möglich, weil ihr Land Ressourcen enthielt, die in weit größeren Mengen gesammelt werden konnten, als sie für den normalen Verkehr gebraucht wurden. Mindestens sechs Monate im Jahr konnten mit Sozialkonkurrenzereignissen verbracht werden. Bei diesen Wettkämpfen waren die Familien, die lachsführende Flußabschnitte oder Beerengründe mit höheren Erträgen bewirtschafteten, deutlich im Vorteil. Die Folge davon war, daß nur ein paar Familien sich in direktem Wettkampf maßen, von Mengen weniger privilegierter Verwandter aber unterstützt wurden.

Während des 19. Jahrhunderts erhöhten europäische Einflüsse und die Einführung von Handelswaren – besonders der Metallklingenwerkzeuge, die die Herstellung von Schnitzereien beschleunigten – die Anzahl und den Wert der Prestigegeschenke, die verteilt werden konnten. Dies führte zu der Situation, daß der Potlach nun nicht mehr nur eine Stellung bestätigte, sondern ihren Status durch exzessive Geschenkegeberei noch erhöhte.

Da vergleichbare Stellungen in jeder Sippe innegehalten wurden, entwickelte sich ein Wettbewerb in dem Versuch, den Status einer Stellung in einer Sippe über den einer anderen vergleichbaren Stellung in einer anderen Sippe zu heben. Einige Potlachs wurden als Herausforderungen an Konkurrenzsippen angekündigt. Die Weigerung, eine solche Herausforderung anzunehmen, wurde verspottet als Zeichen der Unfähigkeit des Rivalen, den nächstgrößeren Potlach zu veranstalten, der in Zukunft gebraucht wurde, um eines seiner Mitglieder zu erhöhen. Die Einladung zu einem Potlach war eine Kriegserklärung, aber es war ein Krieg, der mit Besitz statt mit Waffen geführt wurde.

Solche Potlachs benötigten die vereinten Kräfte verschiedener Sippenmitglieder, um die Anzahl von Geschenken aufzubringen, die gebraucht wurden. Beleidigung und Spott wurden in den Versuchen der Sippenführer benutzt, wenn sie einander herabsetzen wollten. Große Festschalen wurden hergerichtet, und die herausgeforderte Sippe mußte alles essen, was sie enthielten. Oft wurde ein Fest sofort von einem anderen abgelöst. Während sie aßen, bemängelte der Führer der eingeladenen Sippe die Tatsache, daß sie so schlecht bewirtet würden. Riesige Berge von Geschenken wurden weggegeben, und manchmal wurde sogar wertvoller Besitz zerstört – und die Teile wurden der eingeladenen Gruppe verächtlich vor die Füße geworfen.

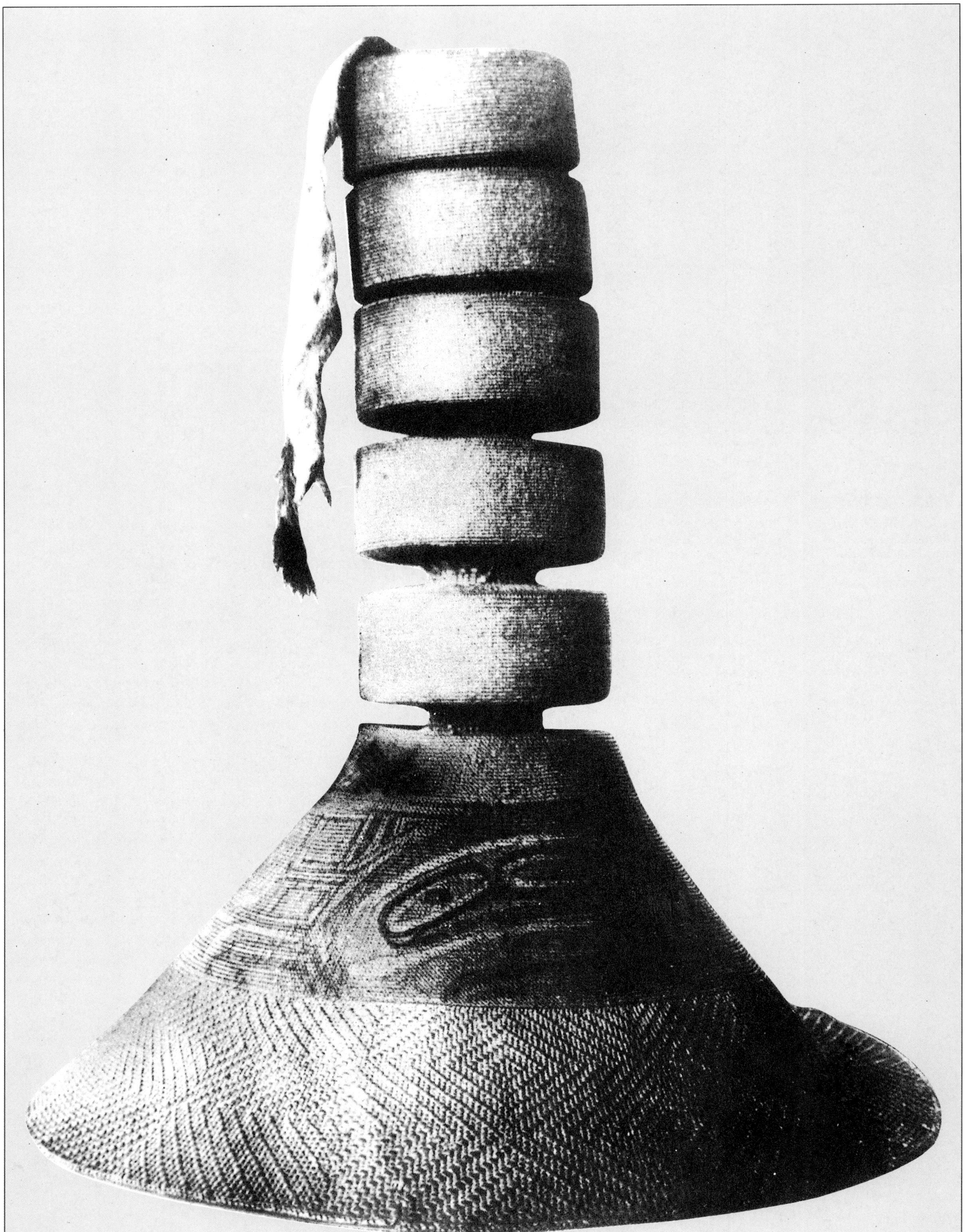

Potlachhut, Tlingit, 19. Jh. Zedernrindenringe, die an der Spitze dieses Kiefernwurzelhutes angebracht sind, lassen den Schluß zu, daß sein Träger der Sponsor von fünf Potlachs war. Während der Tänze waren die hohlen Ringe mit Adlerflaumfedern gefüllt, die sich durch energische Kopfbewegungen des Tänzers über die Zuschauer verteilen konnten.

Hut, Tlingit, 19. Jh. Dieser Hut ist typisch für die Nord- und Nordwestküste und präsentiert die Vorliebe der Tlingit dafür, nur den oberen Teil mit Mustern zu verzieren. Die Bemalung im oberen Teil zeigt den Adler, der ein wichtiges Sippentotem der Tlingit war.

EXTREMER WETTBEWERB

Die Eskalation, die der Potlachwettbewerb auf seinem Höhepunkt vor allem bei den Kwakiutl beinhaltete, bedeutete auch, daß die Produktion von Gütern nicht mehr mit ihrer Verteilung Schritt halten konnte. Gegenständen wurde ein Wert beigemessen, der sich danach richtete, wie viele Hudson-Bay-Decken sie wert waren. Kerbhölzer, die den Deckenwert festlegten, wurden häufig anstelle tatsächlicher Waren benutzt.

Wichtiger waren Plaketten, die aus einheimischem Kupfer geschlagen wurden (später aus Handelskupfer), die durch den Handel in dieses Gebiet gekommen waren. Diese hatten ursprünglich einen hohen Wert, der jedesmal stieg, wenn sie wieder benutzt wurden: Eine Kupferscheibe, die beim ersten Potlach 1000 Decken wert war, konnte beim nächsten schon 2000 wert sein. Kupferscheiben konnten sogar teilweise verteilt werden, indem man sie in Teile zerschnitt. Wenn die Teilstücke verschiedenen Sippen verpotlacht wurden, gewannen sie schnell an Wert. Es war aber auch möglich, jede der Gruppen herauszufordern, um wieder in den Besitz der Teile zu kommen und sie wieder miteinander zu vernieten. Ein wiederhergestelltes Kupferstück besaß einen Wert, der auf all den Potlachs basierte, an denen es teilgenommen hatte, was mehrere tausend Decken heißen konnte.

Die Wettbewerbspotlachs waren große soziale Ereignisse. Obwohl die Leute sich immer an den Namen des Führers erinnern würden, dessen Sippe den Potlach veranstaltet hatte, so gab es doch immer eine Anzahl sichtbarer Indikationen für Erfolg. Bei den Tlingit wurden Potlachhüte verziert mit hohlen Zedernholzringen. Ein neuer Ring wurde für jeden Potlach hinzugefügt und diente als dauernde Erinnerung für die Größe des Trägers. Holzschnitzereien einer Figur, die eine Kupferplakette trug, wurden vor Häusern aufgestellt, in denen ein Kupferstück zur Schau gestellt worden war, und man sagte, daß das Haus „unter dem Gewicht des Kupfers stöhnte". Die Haida demonstrierten die Stärke ihrer Sippen mit wunderschön geschnitzten Portraitmasken, die eine Sequenz enthielten, die die Macht erklärte, mit der die Sippe und Familienabstammung assoziiert war.

DIE STABILITÄT DER VERGANGENHEIT

Trotz des hohen Dramas und der überwuchernden Einzelheiten der Tänze und Potlachs gab es doch ein statisches Element in der Nordwestküsten-Kultur, das sich Wechsel und Erneuerung widersetzte. Die Rangpositionen waren endlich an Zahl, und nur bestimmte Individuen konnten nach ihnen streben. Obwohl Tänze extrem sein konnten, waren sie doch voraussehbar und sorgfältig bühnenmäßig gemanagt. Die Aktivität der Schamanen folgte einem sehr spezifischen Set ritueller Formeln. Schnitzereien hatten eine strikte formale Ordnung, die keine Abweichung zuließ, so daß eine frühe Maske und eine gegenwärtige identische Formen und Einzelheiten aufweisen. All das war Teil einer langen Linie, die die Nordwestküsten-Kultur mit einer Vergangenheit verband, die im Nebel und Dunst der Küste verborgen war.

FÜNFTES KAPITEL

Die Waldbewohner

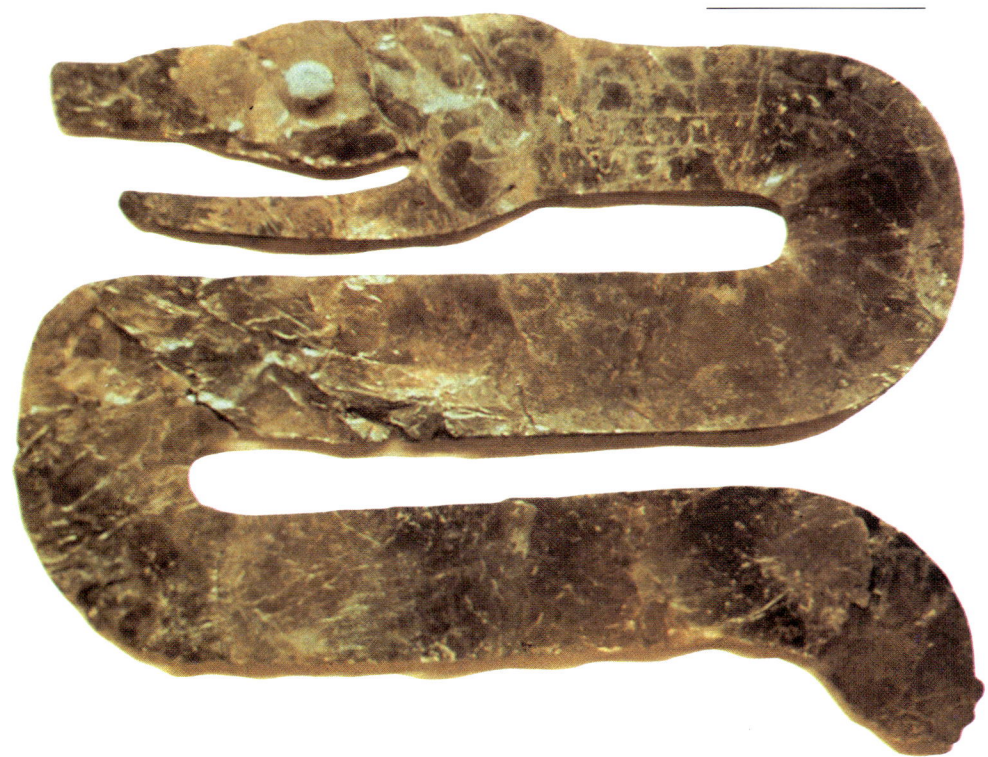

Wald bedeckte das Gebiet östlich des Mississippi, von der Subarktis im Norden und von dort südlich bis nach Florida. Diese Wälder waren nicht alle gleich, sondern reichten von Nadelwald im relativ kalten Norden zu tropischen Sumpfzypressen und Mangroven in Florida, mit Laubbäumen und Mischwald dazwischen. Alle jedoch rufen ein Gefühl der Permanenz hervor und bieten Schatten und Schutz für Flora und Fauna, wie auch für die Menschen, die dort lebten. Den Wäldern ist eine Qualität der Stille und des Friedens zu eigen, aber dies kann auch trügerisch sein, da es versteckte Gefahren geben kann.

Die Leute, die in einer solchen Umgebung leben, haben eine Vielfalt von Strategien entwickelt, um mit den inhärenten Gefahren fertig zu werden: durch die Rekrutierung der Hilfe wohlgesonnener örtlicher Kräfte; durch die Herausbildung großer Lebensgemeinschaften, in der Aktivitäten eher von Gruppen als von Individuen ausgeübt werden, und durch das physikalische Ändern der Umgebung, um größere Sicherheit sowohl auf physischer wie auch auf spiritueller Ebene zu erzielen.

DIE ADENA-HOPEWELL

Es hatte viele frühe Gesellschaften in diesem Gebiet gegeben, von denen etwa die Rotfarben- und Altkupfer-Kulturen knapp 5 000 bis 7 000 Jahre zurücklagen. Diese Völker hatten komplexe Hierarchien und ausgeklügelte Technologien entwickelt, ein Zeichen dafür, daß sie mindestens zwei der oben erwähnten Strategien nutzten – gemeinschaftliche Aktivität und physische Intervention (Umgebungsveränderungen). Jedoch wurden erst bei den Adena-Hopewell, die vor 3 000 Jahren bis etwa 800 n. Chr. ihre Blütezeit hatten, die fundamentalen kulturellen Institutionen gegründet, auf die sich spätere Entwicklungen stützten. In Südohio und Teilen Westvirginias, Pennsylvania, Kentucky und Indiana, begannen die Adena-Hopewell damit, prominente Mitglieder ihrer Gruppen dadurch zu ehren, daß sie Erde über ihren Gräbern aufhäuften und niedrige Hügel bildeten. Später wurden die Hügel umfangmäßig vergrößert und von Einfassungen und Gräben in komplexer geometrischer Anordnung umgeben.

Die Hügel waren sowohl Ehrenmonumente als auch Mittel, um Autorität über die Umgebung geltend zu machen. Schließlich nahmen sie neue Formen an als realistische Figuren, die auch Sippenmarkierungen gedient haben können. Der berühmteste ist der Große Schlangenhügel, der sich auf einer offenen Hügelkette in Ohio über eine Entfernung von 1 300 Fuß (400 Meter) entlangwindet und schlängelt. Es ist eine beeindruckende Repräsentation der Fähigkeit eines Volkes, Stärke aus der Erde zu ziehen. Einen solchen Hügel zu schaffen brauchte eine enorme Anstrengung, da die Erde korbweise herangetragen werden mußte. Ein ähnlicher Arbeitseifer kennzeichnet alles, was das Adena-Hopewell-Volk tat. Sie bildeten Gemeinschaften, die so weit verstreut lagen wie das untere Mississippi, Kansas und der obere Staat von New York, obwohl Ohio das Zentrum ihrer Kultur bleiben sollte. Sie bauten frühere Tauschstraßen aus zu einem großen Handelsnetz, das praktisch den ganzen Kontinent umspannte.

Silber wurde aus Ontario importiert, Obsidiane aus den Rocky Mountains, Grizzlybärzähne aus Wyoming und Muscheln von der Golfküste. Alle diese Materialien wurden verarbeitet zu exquisit geschnitzten und gravierten Gegenständen, die oft nur als reine Grabgaben gedacht waren, um den Verstorbenen zu begleiten. Blattmuskovit und Kupfer wurden für Ausschneideschlangen und Ausschneideadler benutzt, aber der Höhe-

Blattmuskovitstanzerei, Adena-Hopewell, 100 v. Chr. – 500 n. Chr. Die Adena-Hopewell importierten Blattmuskovit aus den südlichen Appalachen und fertigten daraus Formen, die menschliche Hände, Tier- oder Vogelfiguren und Krallen oder Schlangen darstellten, so wie die hier abgebildeten. Sie alle konnten Kult- oder Sippenbedeutung haben.

Rotwildmaske, Mound Spiro, Oklahoma, ca. 1000 n. Chr. Diese kunstvolle Maske ist aus einem einzigen Zedernholzblock geschnitzt und hat Mund und Augen (früher sogar Ohren), die mit Muscheln eingelegt sind. Sie mag von einem Schamanen während der Wildzeremonie getragen worden sein in der Absicht, das Wild in Reichweite der Jäger zu bringen.

Schulterpatronentasche, Delaware. Dieser Delaware-Schulterpatronenbeutel vereint einheimische Materialien mit denen, die von europäischen Kolonisten eingeführt wurden. Die Tasche ist aus Hirschleder und hat den traditionellen breiten Riemen, der quer über die Brust getragen wurde.

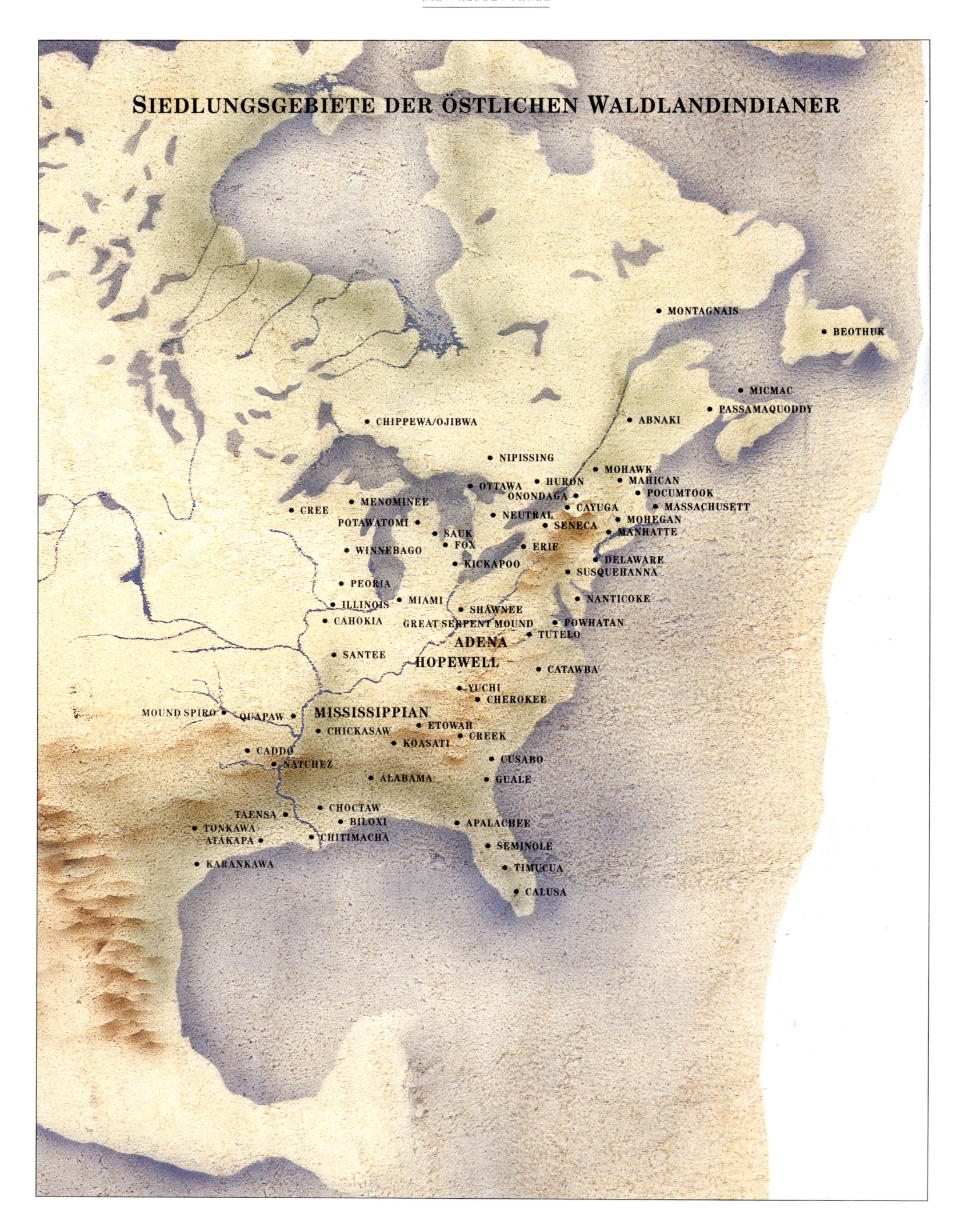

SIEDLUNGSGEBIETE DER ÖSTLICHEN WALDLANDINDIANER

punkt ihrer Kunst war vielleicht die Herstellung röhrenförmiger Pfeifen, die wohlgesonnene Tiergeister darstellen sollten. Diese Pfeifen sind erstaunlich lebensecht und wundervoll geschnitzt und spiegeln ein intensives Verständnis tierischen Verhaltens. Sie zeigen auch den wahrscheinlichen Ursprung der Rauchrituale an, die sich später über den ganzen nordamerikanischen Kontinent ausbreiten sollten, wenn sie benutzt wurden, um ein allgemeines Gefühl des Friedens, der Freundschaft und der Wahrheit zu fördern.

DIE MISSISSIPPIANER

Der Adena-Hopewell-Einfluß war weitreichend, aber zwischen 400 und 600 n. Chr. begann er schwächer zu werden und machte den Weg frei für eine neue Entwicklung weiter im Süden. Es war dies die Mississippi-Kultur, die sich fortpflanzte in die historische Zeit mit den Natchez und Taensa. Die Mississippianer übernahmen viele der vorhandenen kulturellen Merkmale der Adena-Hopewell, einschließlich der rangmäßigen Häuptlingschaft, Landwirtschaft und die Errichtung von Erdhügeln. Jedoch gab es in ihrer Kultur ein aggressives Element. Der überhöhte Führer wurde zum Halbgott, und der Erdhügel eine oben abgeflachte Pyramide, in der ein ewiges Feuer am Brennen gehalten wurde. Bauern und Händler waren nun Krieger, Mitglieder von Kampfeliten, die ihre Territorien als Teil einer politisch-religiösen Bewegung aggressiv ausweiteten, die auch als südlicher Todeskult bekannt ist. Sie unterwarfen Nachbarstämme, die dann Zwangstribut zahlen mußten.

Dörfer nahmen an Größe zu und wurden Stadtstaaten, die Tausende von Leuten umfaßten, und die Erdwerke wurden größer. Cahokia in Illinois nimmt ein Gebiet von über 5 Quadratmeilen (13 Quadratkilometern) ein und weist beinahe 100 Hügel auf (der größte, der Mönchshügel, hat ein Ausmaß, das selbst die großen Pyramiden in Ägypten übertrifft). Die rapide Expansion der Mississippianer war nur durch die Entwicklung einer neuen Sorte von Mais möglich, die schnell reifte und zweimal im Jahr geerntet werden konnte. Es ist auffällig, daß die westliche Expansionsgrenze im Gebiet der Caddo-Mississippianer am Mound Spiro in Oklahoma lag, hinter der der neue Mais nicht reifen konnte.

DIE NATCHEZ

Die Blütezeit der Mississippi-Kulte war zur Zeit der Ankunft De Sotos im Jahre 1540 schon vorbei. Viele ihrer Glaubensauffassungen wurden jedoch noch immer von Stämmen wie den Natchez vertreten, die in mehreren befestigten Dörfern im unteren Mississippi-Tal lebten. Diese Dörfer bestanden aus vielen rechteckigen, schlammbedeckten Häusern mit geschwungenen Dächern aus gebogenen Schößlingen, die mit Stroh abgedeckt waren. Die Häuser waren um einen Hügel herum gebaut, der einen Holztempel trug, der die Gebeine vormaliger Häuptlinge enthielt. Natchez-Häuptlinge, bekannt als Große Sonnen, waren despotische Führer mit absoluter Herrschaft über ihr Volk. Die Herrschaft vererbte sich über die Mutter – Abstammung wurde matriarchalisch betrachtet – und wurde als von den Gottheiten sanktioniert angesehen, deren irdische Personifikation die Große Sonne war.

FRÜHE FLORIDASTÄMME

Die einzigen unmittelbaren Nachbarn der Mississippianer, die nicht direkt von ihnen beeinflußt wurden, waren die Floridastämme: die Apalachen, Timucua und Calusa. Auch sie waren kriegerische Völker. Als die spanischen Galionen von Ponco de Léon 1513 ankamen, wurden sie von den Kriegskanus der Calusa abgetrieben. Jedoch scheinen diese Stämme nicht expansionistisch gewesen zu sein, wahrscheinlich deshalb, weil es in Florida, dem „blühenden Land", wo Nahrung in ausreichender Menge zur Verfügung stand, um eine relativ große Bevölkerung zu ernähren, wenig Grund gab, um Ressourcen zu konkurrieren.

Florida-Frau, 1580. Die Frau auf diesem Gemälde von John White trägt das Kostüm früher Florida-Stämme. Am spektakulärsten jedoch ist die kunstvolle Tätowierung, die ihren gesamten Körper überzieht. Ebenso von Interesse ist die exzessive Länge ihrer Fingernägel, was den Schluß zuläßt, daß sie von hohem Status und nicht gezwungen war, niedere Arbeit zu verrichten.

Die Floridastämme waren Flußbewohner und Seefahrer, die sich großteils von Fisch und Schalentieren ernähren, aber sie jagten auch Rotwild, Vögel und Reptilien verschiedenster Art. Selbst der Alligator wurde seiner Haut und seines Fleisches wegen gejagt. Spanische Berichte beschreiben die Leute als auffällig tätowiert. Sie trugen wenig Kleidung, da dies in diesem tropischen Klima unnötig war. Die Männer trugen nur einen Lendenschurz, und die Frauen eine Schürze aus blaugrünem Baummoos, das in kunstvolle Muster verwoben war. Beide Geschlechter trugen eine Unmenge an Halsketten und Ohrringen aus Muscheln, Knochen und Samen.

Geschnitzte Marmorfiguren, Etowah, Georgia, 1400–1500 n. Chr. Obwohl mehrere ähnliche Sitzfiguren in Klotzgräbern aus dieser Periode gefunden wurden, weiß man wenig über sie. Sie mögen Portraits von Vorfahren sein oder auch Kultfiguren darstellen.

Unglücklicherweise ist wenig bekannt über die Kultur der frühen Floridianer. Spanische und französische Missionierungsversuche hatten wenig Erfolg. Aber die Missionierung führte neue Krankheiten ein, gegen die die Stämme keine Abwehrstoffe hatten, und die geschwächten Gruppen waren eine leichte Beute für die Briten, die zusammen mit indianischen Verbündeten ihre Territorien in der Mitte des 17. Jahrhunderts einnahmen. Die Stämme wurden zerstört und die Reste versklavt oder nach Kuba deportiert.

DIE FÜNF ZIVILISIERTEN STÄMME

Moderne Florida-Indianer sind die Seminolen. Nicht mit den ursprünglichen Einwohnern verwandt, sind sie eine Flüchtlingsgruppe, die sich vorwiegend aus Creeks und afroamerikanischem Blut zusammensetzt; diese Gruppen flohen in die Tiefe der Everglades in einem Versuch, der Unterdrückung durch die erste Siedlerunion zu entkommen. Hier errichteten sie offenwandige, mit Palmetto gedeckte Wigwams, die auf Stelzen standen, um sie über dem Sumpfwasserstand zu halten. Ihre Kultur, wie die der Creek, ist im wesentlichen eine Hybridkultur, die von vielen unterschiedlichen Einflüssen abhängt.

Die Creek und Semiolen, zusammen mit den Cherokesen, Choctaw und Chicasaw, die weiter nördlich in den Sumpfgebieten um die Carolinas lebten, sind allgemein als „Die fünf zivilisierten Stämme" bekannt. Sie besaßen ein soziales System, das sich auf Vorstellungen individuellen Besitzes und vorhandener Institutionen ähnlich den Schulen und Gerichtshöfen der ersten Siedler stützte. Sie gewöhnten sich schnell an die Viehzucht und gaben viele ihrer traditionellen Kleider zugunsten europäischer Kleidung auf. Aus der Sicht der europäischen

Körbe, Chitimacha/Cherokee. Solche Spaltrohrkörbe symbolisieren in ihren Farben das Spiel von Licht und Schatten in den tropischen Wäldern. Colonel Nicholson, der Gouverneur Südcarolinas, beschrieb sie als „... von den Indianern aus gespaltenem Rohr gefertigt, von denen Teile rot gefärbt sind ... und schwarz. Sie bewahren alles darin auf, um es vor Regennässe zu schützen."

Siedler war all dies Kennzeichen dafür, daß sie „zivilisierter" waren als die anderen Stämme dieser Gegend.

Alle diese Menschen waren zuerst einmal Bauern. Individueller Bodenbesitz bedeutete aber auch, daß eine Geldaristokratie entstand, und einige Einzelpersonen hatten auch einen unverhältnismäßig großen Einfluß bei den Debatten der Stadträte. Das führte zum Fraktionalismus und bitteren Fehden zwischen den Familien. Es eskalierte 1815 im Bürgerkrieg der Creek, als pro- und antiamerikanische Fraktionen stürmisch aufeinandertrafen, was den Stamm spaltete und die antiamerikanischen Flüchtlinge schuf, die die Semiolen werden sollten. Die siegreichen Proamerikaner hatten wenig Zeit, sich ihres Erfolges zu freuen. Siedler schrien nach den reichen Farmböden, die sie besaßen. Rufe nach Entfernung der fünf zivilisierten Stämme führten 1825 zum Beginn der berüchtigten „Tränenpfade". Die Indianer wurden gezwungen, zu ihren neuen „Heimstätten" im Indianerterritorium zu marschieren – oft in Ketten –, so daß ihr Land besiedelt werden konnte.

Palmettohaus, Choctaw. Eine solche Art von Haus spiegelt die halbtropische Natur der südlichen Waldlandschaften wider in den Materialien, die zum Bau benutzt wurden. Dieses Haus ist mit Palmettoblättern gedeckt. Palmetto ist eine Gattung der Fächerpalme, die in südöstlichen Gebieten zu Hause ist.

DIE WALDBEWOHNER

Dorfszene, Delaware. Als die Spanier zuerst die Waldgebiete betraten, fanden sie Leute vor, die in befestigten Dörfern mit kleinen Gartenanlagen zum Anbau von Feldfrüchten lebten. Dieser frühe Stich zeigt eine Delaware-Dorf, das eine Bauweise hat, wie sie ähnlich auch bei anderen Stämmen der Region vorkam.

Creek-Mann. Wie auf dem Bild von No-English, so hat auch dieser Mann europäische Kleidung bis zu einem gewissen Grad übernommen. Doch der Pelzschulterriemen, Vogelfederfächer und das fingergewebte Stirnband sind traditionell.

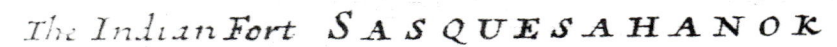

Seminolen-Frauen. Flüchtlinge der Creek-Stämme flohen in die Everglades in Florida, nachdem die Konföderation zerbrochen war. Hier verbanden sie sich mit den Resten anderer Stämme und bildeten so die Seminolen. Die Frauen hier tragen die höchst typischen Patchworkkleider dieses Stammes.

82

DIE WALDBEWOHNER

No-English (Kein-Englisch), Peoria, 1830. No-English wurde von George Catlin, der dieses Photo schoß, erwähnt als ein „Schönling", der großen Wert auf sein Erscheinungsbild legte. Das Photo zeigt den Einfluß des europäischen Kleiderstils, der im ganzen Waldlandgebiet schon ab einem frühen Zeitpunkt ersichtlich war.

Schultertasche, Creek, 19. Jh. Diese kleine Schultertasche weist die charakteristische Form Creekscher Perlenarbeit auf. Perlen wurden im Handel erworben, und die Creek wurden schon früh von europäischen Kolonisten beeinflußt. Man schätzt jedoch, daß sich in solchen Perlenarbeiten etwas von früheren Motiven erhalten hat.

DIE WALDBEWOHNER

Kleiner Beutel, Huron, 18. Jh. Der Beutel ist aus Hanf gewoben und mit Elchhaarstickerei verziert. Größere Beutel ähnlicher Art, doch mit Schulterriemen versehen, fanden Verwendung zum Tragen von Munition für Handelsgewehre. Die Größe dieses Beutels läßt darauf schließen, daß er persönliche Dinge enthielt und entweder im Gürtel oder einer Schärpe versteckt getragen wurde.

Gewebte Schärpe, Huron, ca. 1830. Diese fingergewebte Schärpe ist ein exzellentes Beispiel der Kunstfertigkeit der Irokesen. Das Design zeigt fünf Bänder mit Perlen, die nahe der Pfeilspitzen eingewoben sind. Ähnliche Perlen sind auch eingeflochten in die Fransen.

Kugelkopf-Kriegsschläger, Ojibwa, 19. Jh. Kugelkopf-Kriegsschläger waren weit verbreitet im Gebiet der Waldlande und selbst bei einigen Steppenstämmen. Dieser hier ist aus Holz und trägt eine kleine Säugetierfigur, möglicherweise einen Otter, eingeschnitzt auf der Rückseite.

Sa Ga Yeath Qua Pieth Tow, Irokese, 1710. Er war ein Mohawk-Sachem oder Häuptling und einer aus der Gruppe der Mohawk-Männer, die Queen Anne in London, England, 1710 besuchten. Gesicht und Körper des Mannes sind tätowiert, und obwohl sein Kostüm romantisiert ist, kann man darin noch traditionaelle Kleidungselemente erkennen.

DIE IROKESEN

Die Ostküstenregionen waren die Heimat von algonquian- und irokesischsprechenden Stämmen. Obwohl die Irokesen alteingesessene Einwohner der Wälder waren, waren sie doch von ihren ursprünglichen Ländern aus nach Norden gezogen, um die Algonquin weiter nach Osten und zur Küste hin zu drängen. Wie andere Waldbewohner waren auch sie Maisbauern, die Waldstücke rodeten für ihre Felder und die permanente Dörfer bauten. Die Irokesen jedoch verschafften sich den Ruf effizienter Rücksichtslosigkeit. Als Folge ihrer andauernden Kriege sowohl untereinander als auch mit anderen Stämmen der Region waren sie gezwungen, Schutzpalisaden um ihre Dörfer aus charakteristischen Ulmenrinden-Langhäusern zu errichten. Die Dörfer fanden sich vorwiegend im Mohawk-Tal.

Die Haushalte waren im Besitz und unter der Herrschaft der Frauen, den Stammesmatriarchen, und alles, was ein Mann tat, mußte er der Sippenmutter seiner Schwiegerfamilie berichten. Sippenmütter waren mächtig, übten Kontrolle aus und bestimmten alle Aspekte des Irokesenlebens auf häuslicher und politischer Ebene. Sie entschieden, welcher Mann das Volk als Sprecher vertreten sollte und wann Früchte angebaut und geerntet werden sollten. Mit der Heirat zog der Mann zur Frau und unterstützte ihre Großmutter, Mutter und die Familien ihrer Schwestern.

DIE LIGA DER FÜNF NATIONEN

Die Männer waren zuallererst einmal Krieger. Aber dauernde Kriege schwächten die Stämme. Ein Reformer, der uns als Hiawatha bekannt ist, schlug eine Liga der Nationen vor, in der die Irokesen in Übereinstimmung miteinander gegen jede Bedrohung von außen kämpfen konnten, aber nicht mehr untereinander Krieg führen sollten. Seine Ideen wurden mit Skepsis und Widerstand aufgenommen, aber durch störrische Entschlossenheit gelang es ihm endlich, die fünf Stämme zur Bildung der Konföderation zu überreden. Ein offizielles „Dokument" wurde aufgesetzt auf einem Wampungürtel. Weiße und violette Kugeln wurden dazu benutzt, eine dauerhafte Aufzeichnung der erzielten Einigung herzustellen. Der fertige Gürtel wurde in die Verwahrung der Onondaga gegeben, den Hütern des zentralen Ratsfeuers.

Die Liga der fünf Nationen, die die Seneca, Cayunga, Onondaga, Oneida und Mohikaner umfaßte, bestand aus unabhängigen Stämmen, die übereinkamen, in Angriffs- und Verteidigungsangelegenheiten kooperativ zu handeln. Jeder Stamm würde abstimmen darüber, welcher Kurs eingeschlagen werden sollte. Später, 1715, wurde ein sechster Stamm, die Tuscarora, in die Liga aufgenommen – obwohl sie nie abstimmten und ihre Interessen durch die Oneida wahrnehmen ließen. Andere Irokesenstämme hielten sich zurück von einem Beitritt. Die Huronen hatten schon eine eigene Konförderation gebildet, und die Tobacco – die oft als Neutrale bezeichnet wurden – zogen es vor, separat und völlig unabhängig zu bleiben. Diese beiden Gruppen wurden das Opfer der Vergeltung der fünf Nationen: die Huronen wegen ihrer offenen Ablehnung der Liga und die Neu-

DIE WALDBEWOHNER

Lastriemen, Irokesen, 1710.
Lastriemen oder Tumplinen wurden zum Tragen schwerer Lasten gebraucht. Die Riemenenden wurden um die zu tragende Last geknotet, und der breite Streifen kam quer über die Stirn oder Brust zu liegen. Der unverzierte Riemen ist aus Pflanzenfasern gewoben. Der andere besteht aus Hanf mit Elchhaarstickerei.

Kordel, möglicherweise Irokese, 18. oder 19. Jh.
Wahrscheinlich wurde diese Kordel, die aus geflochtenen Pflanzenfasern gemacht und mit Stachelschweinborsten und Blechzapfenanhängern, die gefärbte Haare enthalten, verziert ist, für die unterschiedlichsten Zwecke benutzt.

tralen, weil sie flüchtigen Huronen Unterschlupf gewährten und ihre Herausgabe verweigerten.

Obwohl im nachhinein die Liga der Nationen die Idee des Gewinnes für eine ausgewählte Gruppe zu fördern schien, beeindruckte sie trotzdem die frühen Kolonisten. Als 1744 die Staaten Connecticut und Pennsylvania mit den Irokesen verhandelten, um Landansprüche zu bereinigen, wurde die Konstitution der fünf Nationen in die Gesetze der Staaten aufgenommen. Später, mit der Bildung der Partei der Föderalisten 1789, wurde die Konstitution der Liga in der Konstitution der Vereinigten Staaten bewahrt.

Jagdtasche, Shawnee, frühes 19. Jh. Aus dunkelgefärbtem Leder hergestellt, ist diese Tasche mit Stachelschweinborsten und Blechzapfenanhängern verziert, die rotgefärbte Wildhaare enthalten. Der Riemen ist mit schwarzer Seide eingefaßt.

Geflochtene Tasche, Ojibwa, vor 1868. Diese große Ojibwa-Schachbrettmustertasche benutzt das natürliche Muster der Rinden, um visuelles Interesse zu schaffen. Sie ist aus der Innenrinde der Weißzeder gewoben.

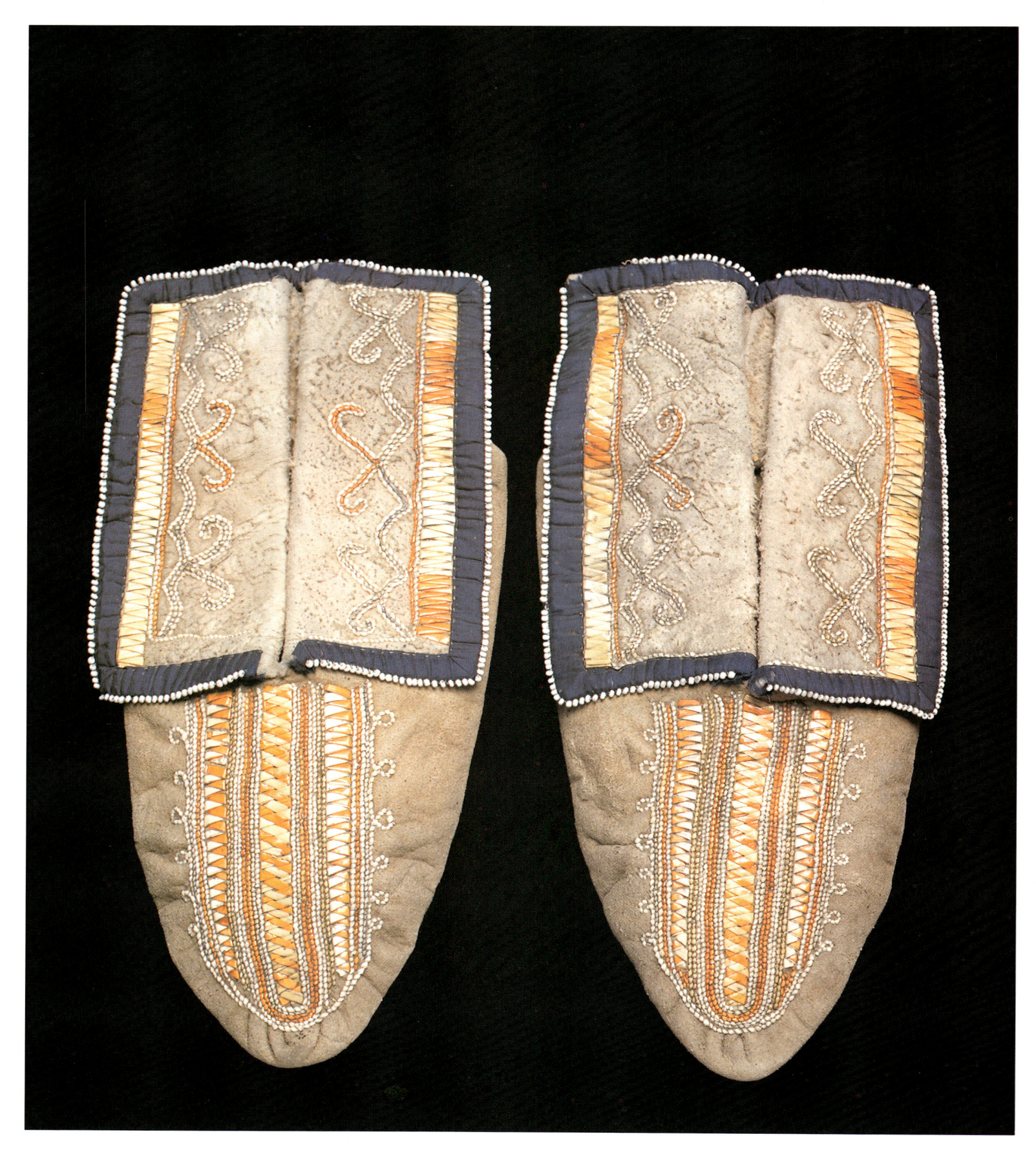

Mokassins, Irokese, spätes 19. Jh. Diese Mokassins haben Perlen- und Tuchapplikationen auf geräuchertem Hirschleder. Die Perlen und das Tuch auf den Klappen sind Handelsgüter, die zusammen mit den Stachelschweinborsten einen Stil ergeben, der früher nur mit Borsten erzielt wurde.

KOOPERATION UND HARMONIE

Die Aggression der Irokesen muß im Licht der Tatsache gesehen werden, daß die Territorien der Algonquin, in die sie zogen, nicht gerade für ihren Frieden und ihre Freundlichkeit bekannt waren. Wenn sie nicht härter und erfolgreicher als ihre Gegner gekämpft hätten, wären sie nicht in der Lage gewesen zu überleben.

Untereinander waren die Irokesen äußerst kooperativ, indem sie sich gegenseitig unterstützten. Streitereien wurden durch Schiedssprüche beigelegt, Kinder wurden selten bestraft, und selbst Gefangenen wurde derselbe Respekt gezollt wie anderen Mitgliedern der Gemeinschaft (mit der einzigen Ausnahme, daß sie keine Stimme in den Ratsentscheidungen hatten). Mais- und Tabakfelder wurden gemeinsam bewirtschaftet, und das Langhaus war ein Symbol gemeinschaftlichen Teilens, in dem Familien zusammen an der Zubereitung der Speisen und Erziehung der Kinder arbeiteten.

Selbst ihre Vorstellung der spirituellen Welt hat keinen Raum für das Böse. Sie gründet sich auf die Idee des Kampfes gegnerischer Dualitäten wie Licht und Finsternis oder Gutes und Pech, wo eine wesentliche Harmonie besteht. Nur wenn etwas geschah, das das Gleichgewicht störte, wurden Zeremonien gebraucht, um die Dinge wieder in Ordnung zu bringen. Zeremonien oblagen der Verantwortung von Geheimgesellschaften, von denen die Irokesen viele hatten. Die bekannteste ist die der Falschen Gesichter, deren Tänzer Masken trugen, die übertriebene Merkmale aufweisen und die in einen lebenden Baum geschnitzt wurden. Die Maske wurde die Verkörperung der inhärenten Seele des Baumes, aus dem sie geschnitzt wurde, und so machte sie die Seele sichtbar, die nun befreit und in der Menschenwelt genutzt werden konnte.

DIE ALGONQUIN

Obwohl es den Irokesen gelang, sich als dominierende Kraft im Gebiet des Staates New York zu etablieren, hatten die Algonquin-Sprecher starke eigene Bündnisse und kontrollierten die ganze Küstenregion von Nordcarolina über Virginia, Maryland, Delaware, New Jersey, Neuengland bis nach Maine. Obwohl sie nahe an der Küste lebten, war ihr Blick eher landeinwärts auf die Wälder als seewärts gerichtet, und sie nutzten die Meeresressourcen nur im Hinblick auf Schalentiere. Sie lebten von den Felderträgen, Waldtieren und Pflanzen. Formelle Konföderationen wie bei den Irokesen wurden nicht geschaffen. Statt dessen verbündeten sich mehrere kleinere Gruppen in Freundschaftspakten, innerhalb denen es jeder Gruppe möglich war, unabhängig zu agieren, sollte sich die Gelegenheit dafür ergeben.

Einige dieser Allianzen waren stabiler als andere. Eine der erfolgreicheren war die von ca. 200 Dörfern aus 30 verschiedenen Stämmen, die unter der Führung von Powhatan zusammengehalten wurde. Viele Algonquin-Allianzen jedoch wurden häufig durch belanglose Fehden und Streitereien unterminiert. Das waren im allgemeinen Familienangelegenheiten und Rivalitäten,

Garntasche, möglicherweise Huron. Eine fingergewebte Tasche, bei der das Muster sich ergibt aus den Perlen, die mit den Garnsträngen verwoben sind.

Schärpen, möglicherweise Irokese. Ursprünglich wurden sie in ein Paar Hüftbänder eingenäht, so daß sie außen an den Beinen lose herunterhingen. Sie sind aber aus perlenverziertem, fingergewebtem Gewebe gemacht, das nicht gefärbt wurde.

Strumpfbänder, möglicherweise Irokese. Aus gefärbter Wolle oder Haaren hergestellt, mit weißen Perlen und langen Borstenkordeln verziert. Sie wurden um das Bein geschlungen getragen, knapp unterhalb des Knies.

legenheiten zum Festefeiern und Geschenkegeben, begleitet von Gesang, Tanz, Wettspielen und Wettbewerben. Im Gegensatz zu ähnlichen Stammeszusammenkünften anderer Gegenden scheinen die Algonquin keinen Wert auf rituelle oder zeremonielle Aspekte gelegt zu haben. Powwows dienten ausschließlich dem Aufbau freundschaftlicher Beziehungen.

Das war vielleicht zu erwarten. Die Umgebung Wald deutet darauf, daß einflußreiche Kräfte eher lokaler Natur sein müssen als solche, die eine disparate Gruppe betreffen, die aus großen Entfernungen zusammengehalten wird. Es bestanden natürlich Ähnlichkeiten zwischen den Gruppen, denn selbst weitentfernte Gruppen bewohnen schließlich das gleiche Land. Die Unterschiede waren jedoch für jeden Stamm groß genug, um hauptsächlich die Elemente unmittelbarer Relevanz für das Überleben seiner speziellen Gemeinschaft in Erwägung zu ziehen, und dies war nicht wegbereitend für Stammesfeierlichkeiten. Es bestand die Notwendigkeit zum freundschaftlichen Umgang, aber nicht zur Kollaboration in Zeremonien oder gar in der Beschwörung der gleichen Geister.

Eine spezielle Klasse von Kunstwerk, der Freundschaftsbeutel, spiegelt die Natur des Powwows. Diese Schulterbeutel waren wunderschön gemacht und reich verziert mit kunstvollen Mustern aus den Fasern der Innenrinde der Sumpfesche oder aus Wildleder, das mit Stachelschweinborsten verziert war. Sie waren ausschließlich zum Füllen mit Fleisch oder anderen Geschenken gedacht und stellten eine Geste der Freundschaft und des guten Willens dar. Ein Mann, der zu einem Powwow aufbrach, trug gewöhnlich mehrere dieser Beutel bei sich, die er dann an Leute weitergab, mit denen er sich bei früherer Gelegenheit angefreundet hatte.

FRÜHER EUROPÄISCHER KONTAKT

Algonquin-Indianer waren unter den ersten Waldstämmen, die mit europäischen Kolonisten in Berührung kamen. Die Konföderation Powhatans ermöglichte es den Briten, 1607 Jamestown zu gründen. Die ersten Jahre ihres Bestehens war Jamestown völlig abhängig von den Vorräten, die Indianer für sie herschafften. Die Powhatan waren aber auch unglücklicherweise die ersten, die von den Kolonisten mißbraucht wurden. 1622 und 1644 wurde die Konföderation von den Briten aufgerieben, und 1676 wurden die wenigen übriggebliebenen Flüchtlinge von Siedlern in Virginia massakriert. Andere Gruppen dieser Gegend erlitten ähnliche Verwüstungen durch die Hand der Franzosen.

Es war strategisch üblich für die Briten und Franzosen, sich indianische Verbündete zu schaffen und Stämme mit traditionellen Feindseligkeiten aufeinander loszulassen. Dies schwächte viele der Gruppen ernsthaft und unterminierte die traditionellen Führungsrollen, die von den Kolonisten an sich gerissen wurden, und legte die Gruppen bloß für militärische Ausbeutung. Viele Gruppen verloren ihre Lebensfähigkeit als Stammeseinheit auf diese Weise. Andere, die nicht in der Lage waren, auf den auf sie ausgeübten Druck zu reagieren, flohen nach Westen und verließen diese Gegend ganz.

verfolgt durch Hinterhalte, bei denen ein oder zwei Personen getötet werden konnten. Aber sie machten die Schaffung dauernder Konförderationen schwierig, weil es immer jemanden gab, der etwas gegen einen anderen hatte. Die Dörfer waren deshalb klein, mit Gärten statt der Felder der konföderierten Stämme. Ihnen fehlte die stark organisierte Struktur der Städte, die sich bei solchen Stämmen wie den Creek fand. Das Hauptmerkmal, das die Algonquin mit anderen Stämmen der Gegend gemeinsam aufwiesen, war der Anbau von Mais und der Respekt ihren Häuptlingen gegenüber, auch Werowancen genannt, deren sterbliche Überreste in einem speziellen Gebäude aufbewahrt wurden, das von einer gesonderten Priesterkaste gehütet wurde.

POWWOWS

Das Leben der Algonquin verlief im allgemeinen friedlich. Sie konnten sich im Notfall effektiv verteidigen, zogen es aber vor, Angelegenheiten auf Stammesebene zu regeln durch friedliche und gabenreiche Annäherungsversuche. Zentral dafür war die Idee des Powwows – ein Begriff, der im modernen Sprachgebrauch für jede Art von Versammlung amerikanischer Indianer unterschiedlichster Stämme steht. Powwows waren Ge-

Kriegsehrenfedern, Chippewa. Status und Ehre, die man sich in Kriegszügen erwarb, wurden öffentlich zur Schau getragen. Eine Methode war das Tragen von Adlerfedern, die auf verschiedene Art und Weise geschnitten waren, um spezifische Kriegstaten auszudrücken, etwa das Retten eines Kameraden oder das Decken eines Rückzuges. Die Bedeutungen der Federkerben auf diesem Bild sind nicht überliefert.

Male-Caribou (Männlicher Karibu), Chippewa, 1836. Male Caribou, gemalt von George Catlin, scheint wenig beeinflußt gewesen zu sein vom europäischen Geschmack und behielt Kleidung und Körperdekoration seiner Heimat bei. Er trägt eine fingergewebte Schärpe als Turban.

DIE WALDBEWOHNER

Kriegsschläger, 1820. Der „Gewehrschaft"-Typ des Kriegsschlägers wurde im ganzen Waldlandgebiet bis weit in den Westen zum Missouri-Mississippi hin benutzt. Die Stahlklinge ist in den geschnitzten und bemalten Holzgriff eingesetzt, der mit Schlangenhaut umwickelt ist.

DAS LEBEN BEI DEN GROSSEN SEEN

Den einzigen Algonquin, denen die Flucht vor der Wucht des britisch-französischen Konflikts gelang, waren die, die in der Region der Großen Seen lebten, wie etwa die Chippewa. Zu weit nördlich für erfolgreiche großangelegte Landwirtschaft, bewohnten sie Länder, die schön, aber von geringem Interesse für die europäischen Siedler war. Ihr Leben verlief ähnlich dem der anderen Algonquin der Region, nur daß ihr Hauptnahrungsmittel statt Mais Wildreis war. Große Mengen Reis wuchsen in den seichten Wassern am Rande der Seen. Es war einfach, ein Birkenrindenkanu durch den Reis zu manövrieren. Indem man die Pflanzen über eine ausgestreckte Lederhaut bog und sie mit einem Stock schlug, war es einfach, beträchtliche Mengen an Reis zu ernten. Wildvögel, besonders Enten, standen stets zur Verfügung und konnten mit Attrappen von Holz und Dornzweigen in Fallen gelockt werden. Die Wälder waren voll von Rotwild und Elchen. Das Leben dieser Leute war angenehm, aber die Düsternis der nördlichen Gebiete machte die Unbezähmbarkeit der Elemente nur allzu deutlich, was die Indianer lehrte, die Natur sowohl zu fürchten als auch zu respektieren. Geschnitzte Holzfiguren, die alte Figuren darstellten, wurden um die Dörfer herum aufgestellt, um jeden möglichen negativen Einfluß abzuwehren, der vielleicht Einlaß suchte. Diese Figuren repräsentierten die

Mokassins. Diese Mokassins, die erst geräuchert wurden, um sie dunkler zu machen, sind mit Stachelschweinborsten, Perlen und haargefüllten Blechzapfen verziert. Sie haben hohe Seiten, ein Stil, der von verschiedenen Waldlandstämmen in der Region der Großen Seen getragen wurde.

belebte Seele, von der die Chippewa glaubten, daß sie in jedem Aspekt ihrer Welt vorkam. Diese Seele ging zurück auf alte Kräfte, die viel mächtiger waren als die jetzigen.

Man glaubte auch, daß alles ein Eigenleben habe, das wiederum mit der Persönlichkeit der Menschen verbunden werden konnte. Alle Dinge waren gleichzeitig erschaffen worden, und keines hatte den Vortritt vor anderen. Wenn sie fischten, kehrten die Algonquin nie zweimal nacheinander zum gleichen See zurück, noch schnitten sie einen Ahornbaum an, um in zwei aufeinanderfolgenden Jahren daraus Zucker zu gewinnen. Der See und der Baum hatten sich bereitwillig hergegeben, und es war ein Zeichen der Achtung, sie in Ruhe zu lassen und ihnen Zeit zur Erholung zu geben.

Die Chippewa schufen eine große zeremonielle Einrichtung, die sie Midewiwin nannten, die Große Medizinloge oder Mystische Gesellschaft der Tiere – die sich bezog auf die geheimnisvolle Welt, in der Mensch und Tier sich in einer gemeinsamen Sprache unterhielten und wo die Gründe für die Existenz bestätigt werden konnten. Durch diese Zeremonien konnten sie und alle ihre Verbündeten in der Dreifeuerkonföderation, d.h. auch die Ottawa und die Potawatomi, die enge Verbindung zwischen der Menschen- und der Tierwelt wiederherstellen.

Die Zeremonie einte sie als ein Volk und unterstrich die Tatsache, daß sie gleich und zum gegenseitigen Nutzen existierten.

ALLIANZEN, DIE NIEMALS EINTRATEN

Es ist unmöglich zu erahnen, was die Zukunft für die Waldgebiete bereitgehalten hätte, wenn es die erschütternde Wirkung des europäischen Eindringens auf ihre Kultur nicht gegeben hätte. Möglicherweise hätten sie stärkere Konföderationen gebildet, nach dem Beispiel der fünf Nationen. Um überleben zu können, hätten sie wahrscheinlich den Wald roden müssen, um Ackerbau betreiben zu können, und das wiederum hätte sie in starke Abhängigkeit zu den landwirtschaftlichen Gütern gebracht. Auffällig ist, daß die aufwendigsten Rituale zum Umgang mit unbekannten Kräften des Landes die der Chippewa waren, die zu weit nördlich lebten, um noch extensiven Ackerbau zu betreiben, und die nur von dem lebten, was die Natur bot. Bei diesen Völkern also finden wir die am wenigsten aggressiven Ausdrucksformen der Region.

SECHSTES KAPITEL

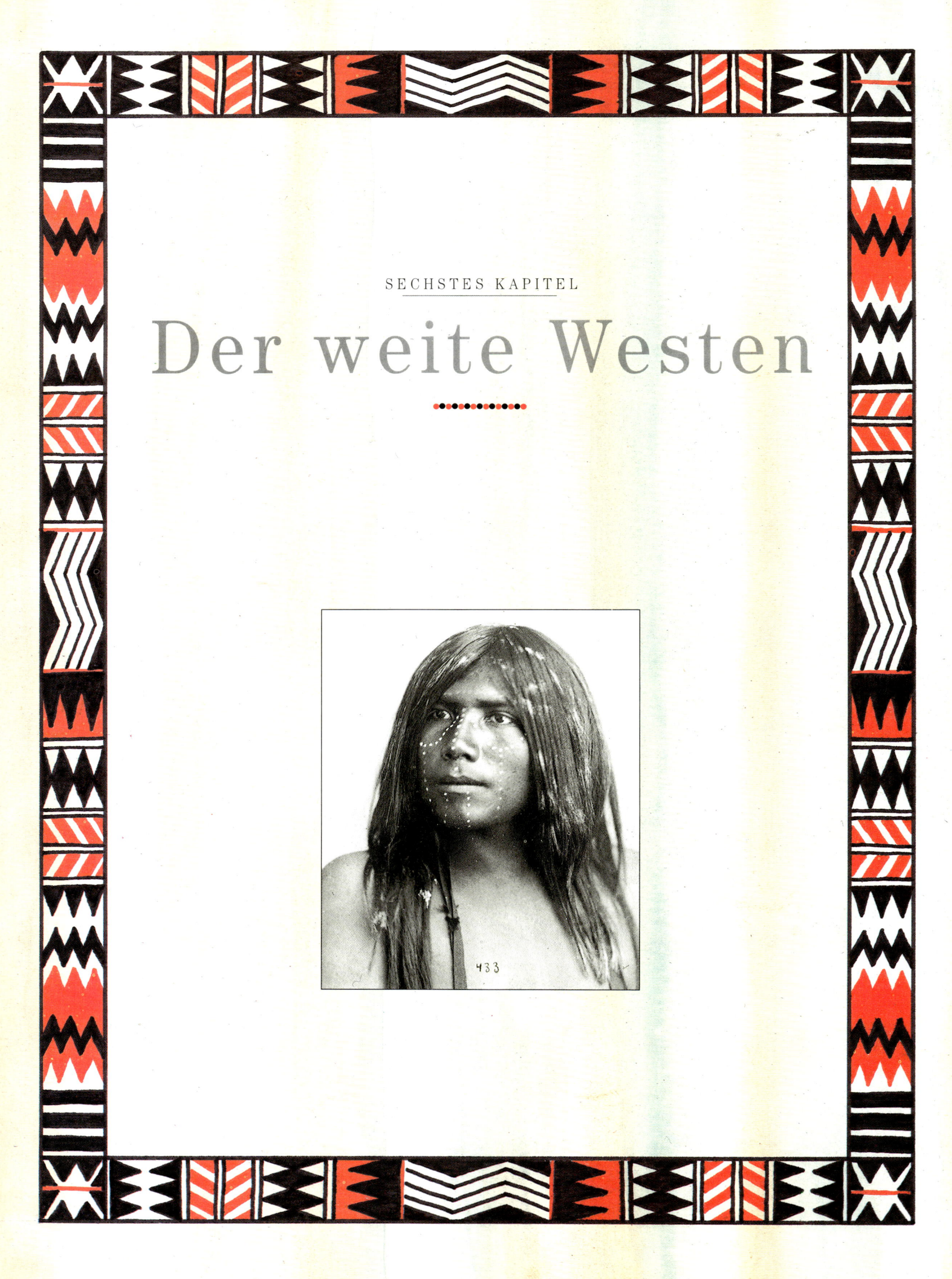

Der weite Westen

DER WEITE WESTEN

Der weite Westen umfaßte drei genau abgegrenzte Kulturregionen, die an den Pazifik stießen: die Kaliforniens, die der westlichen Wüste und die des Plateaus. Kalifornien stimmt beinahe genau mit dem heutigen Staat überein. Die Wüste im Westen ist im wesentlichen das Große Becken von Utah, Nevada und dem südlichen Oregon. Das Plateau liegt nördlich davon in Teilen Idahos, des Staates Washington und dem landeinwärtigen Britisch-Kolumbien, in einer Gegend also, die von den Flüssen Fraser und Columbia umflossen wird.

KALIFORNIEN

Kalifornien hat viele verschiedene Lebensräume: Redwood- und Mammutbaumwälder, die die größten und ältesten Bäume der Welt enthalten, lassen sich in den nördlichen Teilen finden. Eichenparklandstriche dominieren die Mittelgebiete. Im Süden ist Dornstrauchbuschland. In der ganzen Region herrscht im allgemeinen ein warmes, mediterranes Klima, das schon immer eine große Ureinwohnerbevölkerung angezogen hat. Schätzungen zufolge gab es bis zu 500 separate Stammesgruppen, die mindestens 100 verschiedene Sprachen aufwiesen.

Wer diese Leute waren und wie sie lebten, bleibt weitestgehend Vermutungen und Rätselraten überlassen. Der spanische Seemann Cabrillo, der 1542 an ihrer Küste entlangsegelte, und verschiedene andere Spanier besuchten diese Gegend in den nächsten 200 Jahren in unregelmäßigen Abständen. Als die Spanier 1769 mit den Aufbau von Missionen begannen, trieben sie Leute zusammen, die zufällig in ihrer Nähe lebten, ohne Rücksicht auf Stammeszugehörigkeit, Sprache oder Bräuche. Diese Leute hatten keine kulturelle Antwort auf Aggression. Kriegsführung war kein Teil ihres Lebens, und sie besaßen weder Waffen zum Angriff noch zur Verteidigung. Sie erwiesen sich als ergebene und leichte Beute für die spanische Herrschaft.

Die spanische Präsenz erstreckte sich bis zum heutigen San Francisco, obwohl nur wenige Spanier sich tatsächlich dafür entschieden, in dieser Gegend zu leben. Für kurze Zeit gab das Abkommen von Guadeloupe-Hidalgo, geschlossen 1821, Kalifornien in mexikanische Hand. Diese Zeitspanne war jedoch zu kurz, als daß die Mexikaner weiteren Schaden hätten anrichten können, denn die Vereinigten Staaten entzogen ihnen 1846 während des Mexikokrieges wieder die Kontrolle darüber. 1848 begann jedoch der Goldrausch in Kalifornien und überschwemmte das Gebiet mit Goldsuchern. Für sie waren die Indianer schlichtweg eine Belästigung, die ihnen zufällig in die Quere kam. Viele Indianer wurden getötet und andere versklavt. Innerhalb von zehn Jahren hatten alle Stämme des südlichen und mittleren Kaliforniens aufgehört, als lebensfähige Stammeseinheiten zu existieren.

Uns bleibt nur eine „Erinnerung" an Kulturen, die mit zu den sanftesten und liebenswürdigsten gehört haben müssen, die es je gab. Alles, was wir tun können, ist, die mageren frühen Aufzeichnungen durchzustöbern und die Fragmente aufzugreifen, die von den Ältesten um die Jahrhundertwende erzählt wurden, die sich an etwas erinnerten, was ihnen ihre Großeltern und Urgroßeltern berichtet hatten von einer Lebensweise, die sie selbst aber nicht mehr kennenlernen konnten.

STABILITÄT UND TRADITION

Die frühen spanischen Berichte beschreiben das Leben der Kalifornier als „dürftig". Die Stämme hatten keine aufwendigen sozialen Institutionen und Zeremonien, noch übten sie Landwirtschaft aus oder bauten große Häuser und Monumente. Doch aus dem Wenigen, was

Seri-Mädchen, 1894. Obwohl sie in Mexiko leben, sind die Seri ein Teil des kalifornischen Kulturgebietes. Candelaria, ein unverheiratetes Mädchen, wurde in Sonora photographiert. Ihre Gesichtsbemalung gibt über ihre Familie Auskunft. Bei den Seri trugen nur die Frauen Gesichtsbemalungen, mit Ausnahme sehr junger Knaben.

SIEDLUNGSGEBIETE DER INDIANER DES WEITEN WESTENS

DER WEITE WESTEN

Haarschmuck, Nordkalifornien, 1790–93. Ähnlich anderen, die den Hupa zugeschrieben werden, wurde auch dieser Haarschmuck von einer Person mit hohem Status getragen. Er ist aus Abalonengehäuseteilen und Quarzelementen gemacht, die an mit Pflanzenfasern umwickelten Lederstreifen befestigt sind.

Muschelkette, Nordkalifornien, 1790–95. Diese Kette aus Abalonen ist als Kaia bekannt und war sowohl Währung beim Handeln als auch ein Symbol des Reichtums. Solche Ketten wurden von Frauen als Halsketten und Armreife getragen, oder sie wurden in die Kleidung eingenäht. Die Muschelstücke hier wurden zum Auffädeln auf eine Lederschnur in Form gebracht und durchlöchert.

Halskette, 19. Jh. Obwohl diese Halskette wahrscheinlich von der Nordwestküste kam, ist sie beinahe identisch mit denen aus Zentral- und Nordkalifornien. Die Abalonen sind kalifornisch, doch die Perlen gehören zu einem Typ, der von den ersten europäischen Forschern in dieses Gebiet gebracht worden ist.

wir wissen, wird offensichtlich, daß das Leben der Kalifornier auf Stabilität und Kontinuität basierte, nicht auf augenfälliger Zuschaustellung. Es war kaum nötig, Ackerbau zu betreiben, weil ihr Land Ressourcen enthielt, die mühelos gesammelt werden konnten. Mythen wiesen darauf hin, daß kein Verlangen danach bestand, Innovationen aufzunehmen. Die Leute waren völlig zufrieden mit ihrer Welt, und ihre Erzählungen konstatieren ganz deutlich, daß sie aus diesen Gebieten stammten, wo sie jetzt noch lebten. Ihre Lebensweise war von den Altvorderen festgelegt worden. Kalifornische Lebensweisen wurzelten in der effektiven Nutzung der Naturvorkommen, und dies wiederum gründete sich auf Erfahrung und Tradition.

Jagd-, Sammel- und Fischfangwirtschaft scheinen typisch gewesen zu sein. Sie variierten nur entsprechend der Örtlichkeit, in der die Leute lebten. Muscheln, Abalonen, Lachs und kleinere Meeressäugetiere waren den Stämmen der Küstengebiete wichtig. Samen, Beeren, Knollen, Wurzeln, Nüsse, Obst und Zwiebelgewächse dominierten die Wirtschaft der Völker im Landesinneren. Die Eichel war das absolute Grundnahrungsmittel einiger Stämme, entweder gesammelt in den Eichenparklandstrichen oder im Handel mit anderen Stämmen erworben. Alle diese Speisezettel wurden ergänzt durch Kleinwild und Wildvögel.

Die Zufriedenheit der kalifornischen Indianer und ihr Charakter wurden schon von Sebastian Vizcaino notiert, als er 1602 in ihr Gebiet kam. Er beschrieb die Menschen dort als die freundlichsten der Erde. Er war erstaunt angesichts der Stärke der Männer, die Lasten herumtrugen, die Spanier kaum aufheben konnten, und schrieb bewundernd über die Frauen, die er als die wohlgestaltetsten und schönstproportioniertesten beschrieb, die er je getroffen hätte. Vizcainos Berichte unterstreichen die Milde und Höflichkeit, die Abneigung davor, andere zu verstimmen, und die Scheu solcher mittelkalifornischer Stämme wie die Pomo, Miwok, Maidu, Wintu, Wintun, Mono und der Mariposa.

Anderswo finden sich Kommentare über die entspannte und ungezwungene Art, miteinander zu sprechen und sich zu bewegen, und zu ihren Dörfern, in denen erd- und mattenbedeckte Wigwams gewöhnlich ein größeres, offenwandiges Versammlungshaus der Männer umstanden. Diese Dörfer waren innerhalb genau definierter Stammesgrenzen errichtet, unter Führung eines

Häuptlinges oder Großen Mannes. Einige der Großen Männer waren in ihren eigenen Gemeinschaften sehr einflußreich, aber es finden sich nirgends Anzeichen, die vermuten ließen, sie hätten jemals den Versuch unternommen, ihre Autorität außerhalb des Bereichs ihrer eigenen Gruppen auszuüben. Es waren kleine, stabile, wettbewerbslose Welten, in denen scheinbar jeder friedlich mit den anderen zusammenlebte und örtliche Spezialprodukte mit anderen Stämmen tauschte oder mit ihnen handelte. Muscheln wurden von der Küste landeinwärts gehandelt. Obsidiane und Feuersteine, Salz, Pelze und Holz fanden ihren Weg von den Bergen in die Täler herab. Und die Talstämme handelten Eicheln mit den Stämmen der Küste und der Berge.

Ein Land des Überflusses

Die Ältesten erzählten uns, daß es nie Furcht vor Knappheit und Hungersnot gab, noch daß die Männer lange Zeit aufgrund der Jagd von den Dörfern fernblieben. Viel Zeit wurde im Versammlungshaus verbracht, das der Mittelpunkt des männlichen Soziallebens war. Sie schliefen und sie aßen dort, bereiteten die für das nächste Ritual benötigten Dinge vor und erteilten in aller Ruhe den jüngeren Burschen Unterricht in Stammestraditionen. Die Frauen widmeten einen Großteil ihrer Zeit dem Korbmachen. Einige davon sind winzig klein mit so feinen Stichen, daß sie mit dem bloßen Auge gar nicht zu sehen sind, und sie wurden auch nur als Demonstration der Fertigkeiten hergestellt. Die Frauen machten auch große Vorratskörbe, mannshoch, in denen sich Eicheln aufbewahren ließen. Ein Korb dieser Größe brauchte ein Jahr zur Herstellung, und doch blieb das Weben und das Muster völlig unverändert. Andere Körbe, die zum Kochen verwandt wurden, waren so dicht gewebt, daß sie wasserdicht waren.

Nicht zufrieden damit, nur unterschiedlich gefärbte Riede und Gräser zur Musterschaffung einzusetzen, wurden viele kalifornische Körbe mit Muscheln und Perlen versehen, oder es wurde ein Muster durch Variation in der Webart selbst erzielt. Die schönsten von allen sind vielleicht die Geschenkkörbe der Pomo. Sie besitzen schillernde Federn der Wiesenlerche, des Kolibris und des Waldspechtes, die hineingewoben sind, und sind behängt mit Abalonen-Schnüren und langen, muschelverzierten Fransen. Sie dienten keinem praktischen Zweck, sondern fanden nur in Geschenkgaben Verwendung, die etwas mit Übergangsriten zu tun hatten, wie etwa der Menarchezeremonie der Mädchen. Durch die Körbe kam die Kontinuität und Stabilität der Stämme zum Ausdruck. Sie lassen sich schlecht datieren, weil immer die gleichen Webarten, Materialien und Designmotive Verwendung fanden.

Korbmacherei war eine soziale Aktivität. Da ihnen ein Versammlungshaus wie das der Männer fehlte, versammelten sich die Frauen in Gruppen vor ihren Häusern, um Riede und Gräser vorzubereiten oder wenn eine größere Aufgabe die Mithilfe anderer erforderlich machte. Diese Versammlungen werden als ebenso ruhig und gut gelaunt beschrieben wie die der Männer. Nirgendwo gibt es Anzeichen dafür, daß Eile in der Fertigstellung einer Aufgabe geboten war. Alles verlief ohne Hast und in guter Stimmung. Obwohl damit nicht geprotzt wurde, besaßen einige Frauen einen höheren Status als andere, was nur an Muschelschnüren aus Dentalia ersichtlich wurde. Bezeichnet als *Kaia*, wurden diese Schnüre als Halsketten getragen oder zu Krägen, Gürteln und Anhängern verarbeitet und manchmal sogar in die Frauenschürzen miteingenäht, die aus Strauch- oder Zedern- oder Weidenrinden gewebt waren.

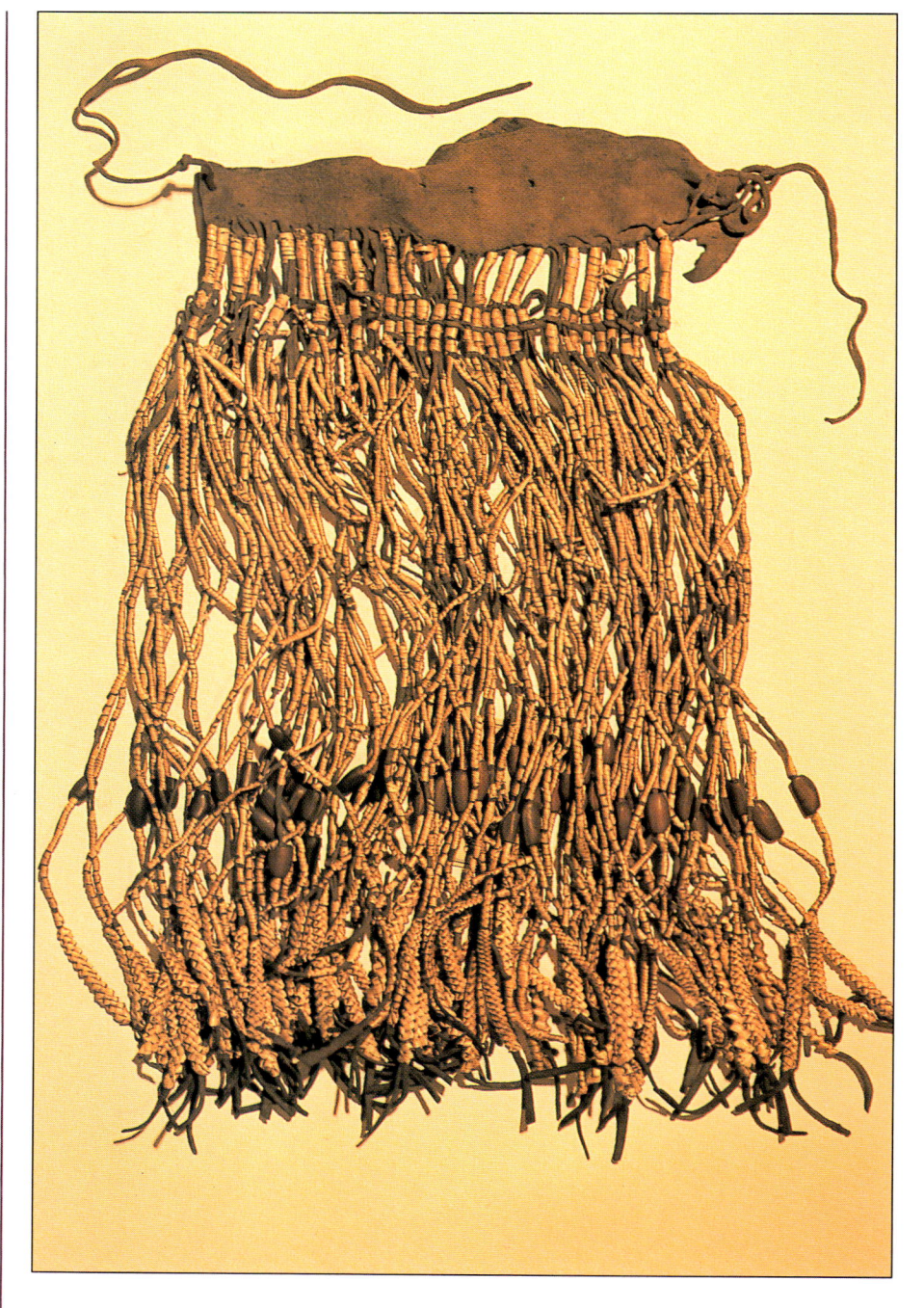

Kaia war auch nötig zur Bestätigung einer Heirat, in welchem Fall es als eine Art Mitgift angesehen wurde, die den Status und die Tugend des Mädchens repräsentieren sollte. Es konnte auch als Wiedergutmachung gegeben werden, wenn ein anderes Stammesmitglied beleidigt worden war. Sein Hauptgebrauch aber lag in seiner Eigenschaft als Währung. Jeder Handeltreibende trug eine Elchhornbörse bei sich, die mehrere Schnüre enthielt. Er benutzte sie als Zahlungsmittel für andere Waren, wenn der direkte Tausch von Produkten nicht möglich war. *Kaia* konnte auch als Zahlung an einen Schamanen ver-

Faserschürze, Wintu. Schürzen aus Gräsern, Gesträuch und Fasern wurden von Frauen in ganz Zentral- und Südkalifornien getragen. Diese ist aus Wildleder und geschnittenen Lederstreifen gemacht, die mit Bärengras umwickelt sind. Rote Samen und Pinienkerne wurden den Streifen beigefügt.

DER WEITE WESTEN

wendung finden, wenn in Krankheitsfällen die eigenen Familienkräuterkuren versagt hatten.

SCHAMANEN

Schamanen, beinahe immer Frauen, hatten keine Wahrsager- oder Sehermacht, sondern beschäftigten sich fast ausschließlich mit Heilriten und dem Kurieren Kranker. Ihre Macht kam durch einen Traum, aber es war dies selten ein Traum, der absichtlich gesucht wurde. Die mittelkalifornischen Schamaninnen waren in ihre Tätigkeit „berufen", und sie hatten wenig Mitspracherecht, ob sie es tun wollten oder nicht. Dies unterscheidet sich kraß von den Traumvisionen der Südküstenstämme, die nicht schamanistisch, sondern durch Jimsonkraut oder Datura herbeigeführt waren. Diese Träume bildeten die Basis für den Toloache-Kult, in den alle jungen Männer initiiert wurden, und die Visionen, die sich aus dem Gebrauch dieses kraftvollen Haluzinogens ergaben, sollten die mystischen Gedanken des Mannes in seiner Erwachsenenzeit kontrollieren.

SÜDKALIFORNIEN

In anderer Hinsicht war das südkalifornische dem mittelkalifornischen Leben ähnlich, nur mit einer stärkeren Betonung auf Produkte der Meeres- und Küstenfischerei. Das Land war trockener, und Pflanzenprodukte waren weniger mühelos verfügbar. Die Indianer mögen stärkere Allianzen zwischen den Gruppen entwickelt haben und sich Kulturkomplexe geteilt haben. Man sagt ihnen nach, daß sie ausgetüftelte Mond-Sonnen-Kalender besaßen, die von Schamanen interpretiert wurden, und Sandgemälde hergestellt haben, auf denen die Bewegungen der Sterne akkurat abgebildet gewesen sein sollen. Unglücklicherweise wissen wir wenig darüber. Ihre Kultur wurde zerstreut und zerstört, als die Spanier ihre Missionen errichteten. In der Tat kennen wir die Stämme nur bei ihren Missionsnamen: die Dieguenos, von der Mission San Diego; die Gabrielenos, von der Mission San Gabriel bei Los Angeles; die Luisenos, von San Luis Obispo; oder die Juanenos von San Juan de Capistrano.

Ein paar vereinzelte Stämme in Baja California entkamen dem Missionssystem und überlebten bis in die heutige Zeit. Ihre Kultur war ausgeprägt konservativ, äußeren Einflüssen völlig feindlich gesonnen und resistent gegen jeden Wechsel. Die Seri sind für diese Völker typisch. Sie hatten einen Küstenlebensstil und ernährten sich hauptsächlich von Wasserschildkröten, die sie von Riedgrasbündelbooten aus jagten. Ihre Kleidung bestand oftmals aus Schwanenhaut, und ihre Frauen trugen kunstvolle Gesichtstätowierungen und Bilder, die die Familienzugehörigkeit darstellten. Das auffälligste Merkmal in bezug auf die Geschichte Kaliforniens war, daß sie jegliche Innovation strikt ablehnten. Bis zur Jahrhundertwende benutzten sie immer noch Speere mit Knochen- und Muschelklingen zur Schildkrötenjagd. Alles ,was durch die Hand des weißen Mannes verunreinigt war, war für sie tabu: Sie besaßen keine Metallklingenmesser, Kessel, Blechornamente oder Perlen. Sie zogen es vor, sich selbst komplett zu isolieren. Bis vor kurzem war praktisch nichts über ihre Kultur bekannt.

▲▼ Yuma-Frau. Persönlicher Schmuck wurde bei den kalifornischen Stämmen oft großzügig auf das Haar aufgetragen, dem sowohl Farbe als auch Federn hinzugefügt werden konnten.

▲▼ Federgeschenkkorb, Pomo. Die kunstvollsten und kostbarsten kalifornischen Körbe wurden von den Pomo als Geschenke hergestellt und um Übergangsriten zu kennzeichnen.

▲▼ Federgürtel, Pomo, 1875–1900. Farbige Federn sind in eine Faserbasis aus Schwalbenwurzelgewächs eingewoben, um diesen Gürtel herzustellen. Er wurde von Männern über einer Schulter getragen, weil man annahm, daß er Mächte besaß, die Feinde zu erschrecken: eine passende symbolische Bedeutung solch eines delikaten Gegenstandes in einer Region, in der Gewalt generell gescheut wurde.

99

Federkorb, Pomo

NORDKALIFORNIEN

In Nordkalifornien hatten die Stämme engen Kontakt mit denen der Nordwestküste Washingtons und Britisch-Kolumbiens. Sie trieben regelmäßig Handel mit ihnen bei den Dalles, am Columbiafluß, wo kalifornische Abalonen-Muscheln ein gesuchter Handelsartikel waren. Ihre Verbindung mit den Gruppen der Nordwestküste führte zu einer stärkeren Beharrung auf Besitzschau und einer aggressiveren Haltung, wie auch zur Übernahme von Plankenbehausungen und des Gebrauchs des Einbaumkanus. Diese Stämme, denen die Klamath, Modoc, Hupa und Yurok angehörten, glaubten, daß Besitz und Status vergleichbare Dinge seien.

Nur die wohlhabendsten Familien waren in der Lage, Feste auszurichten, bei denen wertvolle weiße Hirschleder-Tanzkostüme und rote Waldspechtfeder-Kopfputze zur Schau getragen wurden. Solche Feste konnten 20 und mehr Tage dauern. Ehen zwischen wohlhabenden Familien schufen eine Aristokratie mit einem sozialen Klassensystem, daß ganz anders war als das der übrigen Stämme in Kalifornien. Dennoch waren auch die nordkalifornischen Stämme immer noch sehr wohl ein Teil der

Tanzkostüm, Yurok/Karok, 19. Jh. Das Rückenhemd hier wurde wohl zusammen mit einer Schürze getragen und mußte doppelt gefaltet sein, um den Rücken und die Seite der Frau zu bedecken. Es ist aus einem Stück Wildleder geschnitten mit Wildlederbesätzen, die in Bärengras und Farnen eingewickelt sind, muschelbehangenen Fransen und Abalonen-Gehängen.

Mohave-Frau. Die Mohave unterschieden sich von anderen dadurch, daß ihre Frauen Gesichtstätowierungen aufwiesen, die Aufschluß gaben über Familie und Status. Obwohl dieser Brauch zur Jahrhundertwende im Abklingen war, gab es doch noch Frauen, die Tätowierungszeichen aufwiesen und zu der Zeit lebten.

Puppe, Mohave. Getöpferte Puppen waren charakteristisch für die Yuma und Mohave der südlichen Kalifornien- und Arizonagebiete. Dieses Beispiel der Mohave weist winzige Samenperlen, Handelstuch, das mit Schnüren festgebunden ist, sowie Pflanzenfasern auf, und es zeigt auch Tätowierungszeichen im Gesicht.

kalifornischen Lebensart. Dem Wesen nach nicht aggressiv, führten sie ein entspanntes und bequemes Leben mit wenig Angst vor Knappheit und ohne Notwendigkeit, ihre territorialen Ansprüche zu verteidigen.

DIE WÜSTE IM WESTEN

Kalifornien und die Wüstenstriche im Westen sind getrennt durch die Verwerfungsblockberge der Sierra Nevada. Diese sind hoch genug, um regenführende Wolken daran zu hindern, das Große Becken zu erreichen, das somit zur halbtrockenen Wüste wird. Es hat keine Flüsse, nur kärgliche Vegetation und wenig Fauna. In vielerlei Hinsicht ist das Große Becken absolut trostlos, und doch weisen die archäologischen Berichte darauf hin, daß menschliche Besiedlung hier schon zurückgeht auf die Zeit um 9 000 v. Chr.

In der Geschichte war dieses Land die Heimat der Ute, Gosiute, Paiute, Schoschonen und Bannock, deren Einfamilienunterkünfte Erdlöcher waren, die bedeckt waren mit jedwedem Gestrüpp, das als Windschutz gerade auffindbar war. Sie trugen Kaninchenfellumhänge, sammelten Pinon-Nüsse, jagten öfter mit Wurfstöcken als mit Pfeil und Bogen, und ihre einzigen regulären Produkte waren große Körbe aus Zweigen. Viele ihrer Nahrungsmittel gruben sie aus dem Boden, pflanzten sie aber nie an. Am ekelerregendsten war jedoch für die ersten Europäer, mit denen sie in Berührung kamen, ihre Angewohnheit, solche Dinge wie Eidechsen und Heuschrecken zu verspeisen. Die Europäer gaben ihnen deswegen schnell den verächtlichen Namen „Buddelindianer".

Ihr Land war gewiß rauh und schwierig, aber wir sollten uns daran erinnern, daß sie und ihre Vorfahren hier schon über 11 000 Jahre überlebt hatten. Ein europäischer Forscher, der ohne Hilfe in diese Gegend kam, hätte schon innerhalb weniger Tage, wenn nicht sogar Stunden, aufgeben müssen. Diese Menschen aber kannten das Land auswendig und waren völlig auf die subtilen Hinweise eingestimmt, die es für sie bereithielt. Ihr Geruchs-, Seh-, Tast- und Geschmackssinn war ein zuverlässiger Führer hin zu den Ressourcen, die es anbot, und versetzte sie in die Lage, eßbare Knollen in scheinbar merkmallosen Landschaften auszugraben oder dem Geruch der Feuchtigkeit über Entfernungen hin zu einem Wasserloch zu folgen.

Wir sollten in diesen Indianern Modellbeispiele dafür sehen, wie Menschen in einer lebensfeindlichen Umgebung überleben können ohne verzwickte technische Hilfsmittel. Für sie war das Große Becken nie eine Einöde, sondern enthielt einen Vorrat an Wurzeln, Samen, Beeren, Nüssen und kleinen Säugetieren und Reptilien, die der Lebenserhaltung dienten, wenn man wußte, wie sie zu finden waren. Sie hatten nur wenig formelle Zere-

Hupa-Frau. Dieses Bild von Alice Spot zeigt sie, wie sie ein kunstvolles Kostüm trägt, das Eigentum einer wohlhabenden Familie ist. Der Rock ist mit Muschelanhängseln übersät. Sie trägt auch einen Korbhut, der typisch ist für die zentral- und nordkalifornischen Stämme. Hinter ihr sieht man ein Hupa-Plankenhaus.

monien. Die Ressourcen ihres Landes beschränkten jeden feierlichen Akt auf das Individuum: ein paar Tropfen Kaninchenblut, vom Jäger auf die Erde gespritzt, waren eine Art Danksagung. Oder die Gabe geflochtener Gräser von einem Mädchen, das die Pubertät erreicht hatte. Solche Akte zeigten an, daß man an die Geister dachte. In einer lebensfeindlichen Region waren solche Dinge wichtig, wollte man nicht riskieren, daß die Ressourcen den Indianern vorenthalten wurden.

Die Nahrungssuche mußte ihre Hauptsorge sein, und als spanische Pferde ihren Weg in die Gegend fanden, betrachteten viele Stämme sie eben als eine andere Nahrungsmittelquelle. Doch die Stämme in den etwas gastlicheren Gebieten im Osten, wie die Ute und Schoschonen, erkannten das Potential dieses Tieres und wurden zu Reitern. Sie breiteten sich schnell aus und bildeten neue, mächtige Familiengruppierungen. Sie fingen an, sich mit anderen Stämmen zu verbünden, die sowohl im Großen Becken als auch in benachbarten Gebieten lebten. Ihre Kultur unterzog sich einer kompletten Transformation. Sie fingen an, zu saisonalen Büffeljagden in die Steppe zu ziehen und übernahmen viele Bräuche der Stämme, mit denen sie dort in Berührung kamen. Gestrüppbedeckte Unterschlupfe wurden durch Tipis ersetzt, und Kaninchenfelldecken wurden zugunsten von Hirschlederhemden und schwerer Winterkleidung aufgegeben.

DAS PLATEAU

Sowohl die Schoschonen wie auch die Ute wirkten mit bei der Verbreitung des Pferdes von den Apachen im Südwesten hin zu den Stämmen, die auf den Plateaulandstrichen nördlich des Großen Beckens lebten. Es ist ein Gebiet erstaunlicher Naturschönheit. Ruhige Wiesen liegen eingebettet zwischen den Gipfeln der Berge, die das Plateau umgeben, und sanfte Ströme schlängeln sich durch ihre hohen Graslandschaften. Es gibt Bergtäler, heiße Quellen und schneebedeckte Durchgänge. Selbst heute noch besitzt es den Charakter einer unberührten Landschaft, die weder vom Industrialisten noch vom Agrikulturalisten besudelt worden ist. Die Cayuse, Flachköpfe, Klikitat, Wishram und Nez Percé lebten hier, zusammen mit einer Vielzahl kleinerer Stämme.

Die Dörfer der halbunterirdischen Plankenbehausungen, die mit Matten aus Schilfrohr bedeckt waren, erstreckten sich in langen Reihen entlang der Flußbänke auf den Talsohlen. Die Flüsse quollen über mit Fischen, und Wurzeln und Beeren gab es im Überfluß. Stämme, die in den Bergen lebten und einen nomadischen Lebensstil hatten, kamen regelmäßig in die Dörfer, um Pelze gegen getrockneten Lachs zu handeln. Wie in Kalifornien auch, so gab es hier keine Kriegsgesellschaften und nur wenig Aggression zwischen den verschiedenen Gruppen. Sie heirateten untereinander und gliederten Elemente anderer in ihre eigenen Kulturen ein. Sie reisten weitläufig, besuchten andere Völker, deren Sprache sie nicht sprachen, von denen sie aber willkommen geheißen wurden und mit denen sie an Zeremonien teilhatten, an Tänzen und Traditionen, wobei sie eine Zeichensprache benutzten, die von allen verstanden wurde.

Tasche, Wasco, spätes 19. Jh. Wascoweber des unteren Columbiaflusses nahmen einheimischen Hanf, um daraus höchst charakteristische Körbe mit stilisierten Kopfmotiven herzustellen. Diese Stilisierung hatte eine bleibende Qualität und kann auf Körben sowohl von der vor- als auch nachkontaktlichen Periode bewundert werden.

Hut, Karok/Yurok.

DER WEITE WESTEN

Korb, Umpqua. Dieser fast 60 cm große Korb ist dennoch erstaunlich leicht. Solche Körbe waren gebräuchlich bei den kalifornischen Stämmen, die in Gebieten lebten, wo es Eicheln und Piniennüsse im Überfluß gab. Sie wurden zum Transport der gesammelten Früchte benutzt. Bei einigen Küsten- und Flußstämmen wurden sie auch zum Transportieren von Fischen verwandt.

Paiute-Frauen, Kaibab-Plateau, ca. 1873. Diese zwei Frauen haben Korbhüte auf und tragen sehr große Lastkörbe, indem sie Tumplines, die quer über der Brust gespannt sind, zur Stütze des Gewichtes benutzten. Sie tragen flache Korbschalen zum Worfeln der Piniennüsse.

Korbhut, Paiute. Die Paiute-Stämme stellten enggewebte Korbhüte mit schwerem Rand und charakteristischen Formen her. Sie waren oft unverziert, aber einige hatten dunkler eingewobene Muster. Klar ist, daß die Paiute, obwohl sie oftmals gerade am oder etwas über dem Existenzminimum lebten, ästhetische Überlegungen für wichtig erachteten.

EIN KULTURMIX

Diese Völker borgten sich frei von anderen etwas aus, und so war das Plateau bemerkenswert wegen der Mischung von Ideen und Vorstellungen, die an den Tag gelegt wurden. Darüber hinaus fand man Darstellungen, die den Totems der Küsten Britisch-Kolumbiens und Alaskas glichen. Birkenrindenbehälter ähnlich denen in der Subarktis gab es genauso wie Stachelschweinborstenstickerei, die Einflüsse der Athapascan-Stämme des inneren Britisch-Kolumbiens. Die Bewohner des Plateaus waren hervorragende Holzschnitzer, erfahren im Weben von Rieden und Gräsern zu Matten und Beuteln und geschickt im Gebrauch von Steinen, Schafshörnern und Geweihen zur Herstellung von Schalen, Schöpflöffeln und anderen Haushaltsartikeln. Selbst ihre Kleidung spiegelte ihre Fertigkeiten wider, und die Frauen trugen Flechthüte und Hirschlederkleider, die mit kunstvollen Designs versehen waren, die ursprünglich noch mit Samen und Muscheln, später aber mit Handelsperlen ver-

DER WEITE WESTEN

ziert waren. Wichtiger noch: Sie saßen am Drehpunkt eines großen Handelsnetzes, das Kalifornien und die Nordwestküste versorgte und sich bis in die Steppe erstreckte. Waren wurden in Einbaumkanus bis zum Dalles-Handelszentrum gebracht, wo Pelze und Häute gegen kalifornische Abalonen-Gehäuse und andere Küstenprodukte eingehandelt werden konnten. Bergpässe stellten den Zugang zu Plateaugruppen dar, die ein nomadisches Jägerleben führten, und sie brachten ihre Waren hinunter in die Dörfer und von da zu den Dalles. Andere Pässe führten nach Osten und zu Kontakten mit den Schwarzfuß- und Krähen-Indianern. Diese Kontakte machten die Nez Percé und Cayusa, deren Kulturen starke Steppeneinflüsse zeigen, mit vielen neuen Ideen bekannt.

Als in den frühen Jahren des 18. Jahrhunderts Ute, Schoschonen, Komantschen und Kiowa von den spanischen Siedlungen des Südwestens die Pferde erhandelten, waren es wohl die Nez Percé und Cayusa, die sie an die Stämme der nördlichen Steppe weitergaben. Die Plateauumgebung eignete sich hervorragend für die zähen spanischen Pferde. Die Herden gediehen, und sowohl die Cayusa als auch die Nez Percé etablierten sich schnell als Pferdezüchter und Pferdehalter. Durch Zuchtauswahl entwickelten sie die berühmten scheckigen Ponys, die wir unter dem Namen Appaloosa kennen. Bald waren die Dörfer der Nez Percé im atemberaubend schönen Wallowe-Tal geprägt von buchstäblich Tausenden von Pferden, die auf dem saftigen Weideland grasten.

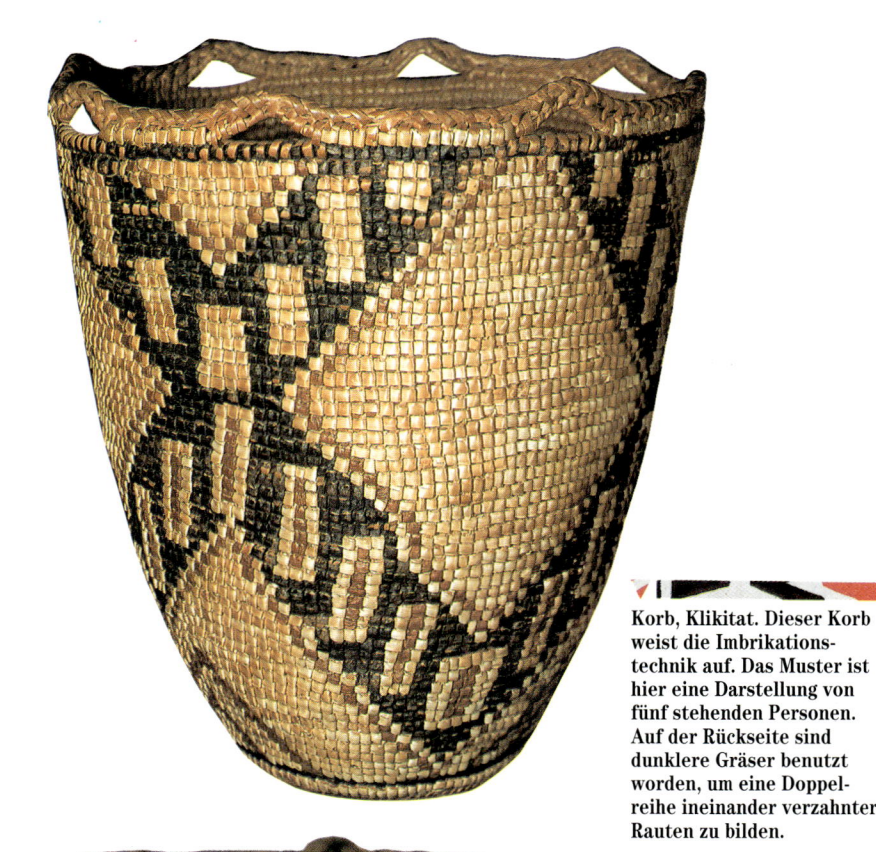

Korb, Klikitat, 1900. Dieser wunderschöne Korb weist die typischen Motive der Klikitat-Arbeiten auf. Er ist in Imbrikationstechnik hergestellt, bei der aufeinanderfolgende Schichten überlappt werden, so daß ein „Schindel"-Effekt erzielt wird. Er ist aus Zedernwurzel und Bärengras gewoben und mit Naturfarben eingefärbt.

Korb, Klikitat. Dieser Korb weist die Imbrikationstechnik auf. Das Muster ist hier eine Darstellung von fünf stehenden Personen. Auf der Rückseite sind dunklere Gräser benutzt worden, um eine Doppelreihe ineinander verzahnter Rauten zu bilden.

Kleiner Korb, Klikitat, vor 1842. Dieser winzige Korb ist gerade mal etwas über 6 cm. Er ist aus Gras gewebt und mag zur Aufbewahrung kleiner Dinge gedient haben oder auch nur eine Demonstration der Kunstfertigkeit seines Erschaffers gewesen sein.

Edna Kash-Kash, Cayusa, ca. 1900. Die Cayusa lebten in relativem Komfort und waren berühmt wegen der Reichheit ihrer Gewänder. Edna Kash-Kash trägt ein besonders ausgesuchtes Wildlederkleid mit kunstvoll beperlter Passe sowie einen enggewobenen Hut.

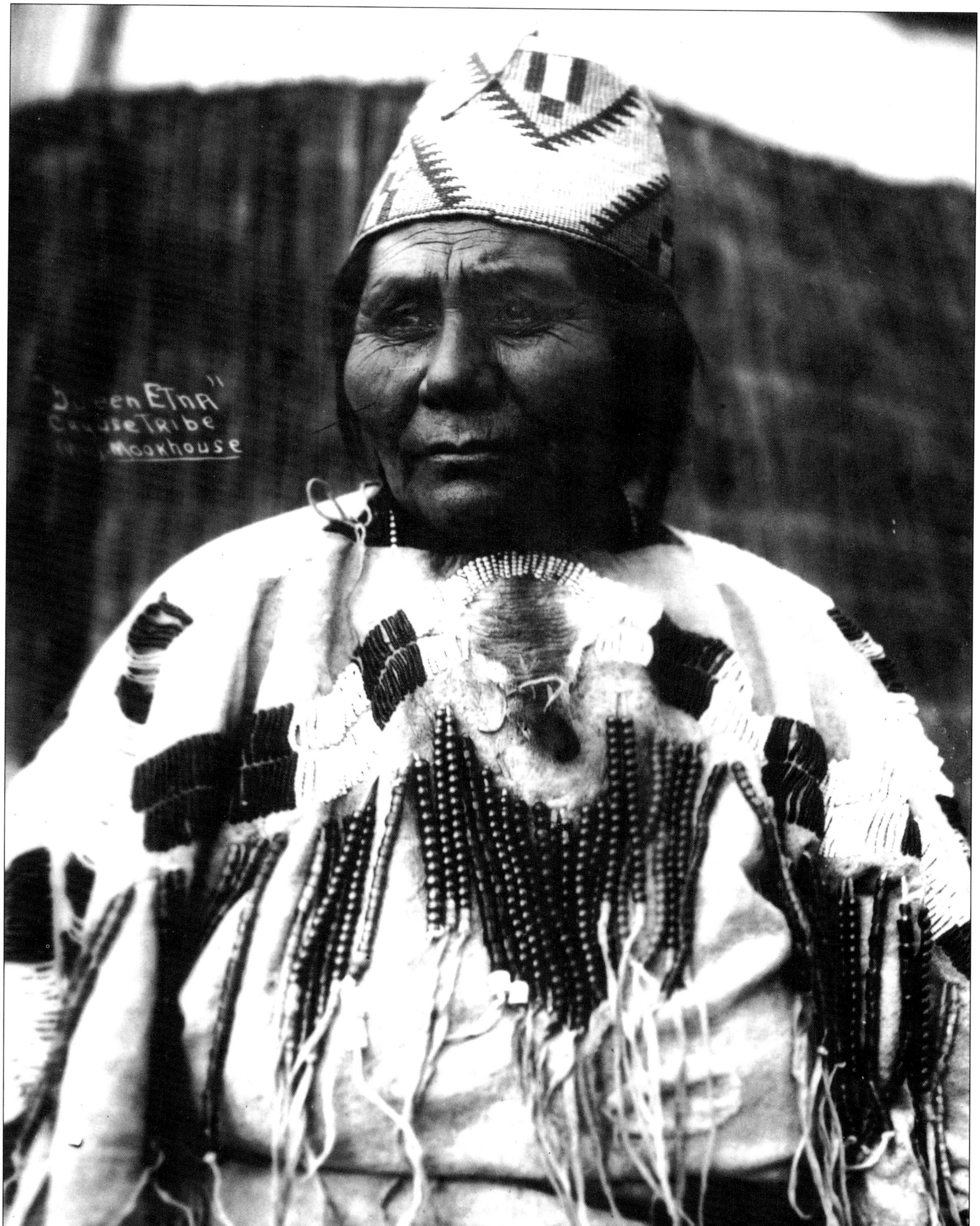
ETnA"
Tribe

DIE FLUCHT DER NEZ PERCÉ

Es war eine idyllische Existenz, in einem Land des Überflusses. Die Winter mochten kalt sein, aber die Bergluft war frisch und revitalisierend. Warme Büffelkleider wurden von den Grasebenen im Osten zurückgebracht, erhalten im Austausch für Pferde. Andere Stämme waren freundlich und kamen regelmäßig in die Dörfer der Nez Percé und teilten mit ihnen ihre Feste und Tänze. Dies sollte jedoch nicht von Dauer sein. Weiße Siedler kamen allmählich auf den Plateaulandstrichen an und forderten die Entfernung der Indianerstämme von den Weiden, auf denen Platz gemacht werden sollte für Siedlungen und Viehweiden. Es gab einige Ausbrüche von Haß und Gewalt, und Häuptling Joseph der Nez Percé versuchte, sein Volk ins Asyl nach Kanada zu führen. Dies war eine heroische Flucht, in der er seinen Stamm mehr als 1 300 Meilen (1 800 Kilometer) durch Schneestürme führte und vier verschiedenen Militärkolonnen auswich, die geschickt waren, ihn und seine Leute abzufangen, ehe er schließlich nur 30 Meilen (50 Kilometer) vor der Grenze gestoppt wurde.

Die Nez Percé des Häuptlings Joseph wurden ins Indianerterritorium (Oklahoma) verbannt, andere Stämme der Region in kleine Reservate gepfercht, und das Plateau wurde die Heimat weißer Viehzüchter. Dennoch gibt es dort eine dauernde indianische Präsenz: In ferner mythologischer Vergangenheit reiste Koyote durch diese friedlichen Bergtäler und kam zu einem Dorf, das von einer Frau gelenkt wurde. Er fragte sie, was sie mache. Sie entgegnete ihm, daß sie die Leute unterweise, wie sie gut leben, miteinander in Freundschaft und Handel teilen und Dörfer feiner Häuser entlang der Flüsse bauen sollten. Koyote ging mit ihr in die Berge, wo er sie in einen Fels verwandelte, damit sie immer über ihr Volk wachen könne. Man kann zu den Bergen emporblicken und die Häuptlingsfrau, Tsagigla'lal, geduldig warten sehen, daß ihre Unterweisungen befolgt werden.

Häuptling Joseph, Nez Percé. Joseph glaubte, daß sowohl die Weißen als auch die Indianer zusammen leben und voneinander lernen könnten, ohne ihre Würde aufgeben oder ihren Glauben verlieren zu müssen. Frühe Forschungsreisende befanden Joseph als freundlich und immer hilfsbereit. Josephs Vertrauen wurde jedoch verraten.

Kriegsschläger, Cayusa, vor 1850. Ein dunkler Steinkopf ist dem Holzschaft zugefügt durch eine Wildlederschlinge, die durch Hitzeeinwirkung geschrumpft wurde, um so den Kopf sicher auf seinem Platz zu halten. Von besonderem Interesse ist der Skalp aus europäischem Haar.

Maishüllblattasche, Nez Percé. Zwei Seiten derselben Tasche. Die Nez Percé woben ursprünglich ähnliche Taschen aus Bärengras, aber im späten 19. Jh. waren diese schon vollständig von Taschen ersetzt, die aus den inneren Teilen der Maishüllblätter gewebt waren. Solche Taschen waren wertvolle Handelsartikel und dienten auch der Aufbewahrung von Wurzeln und Beeren.

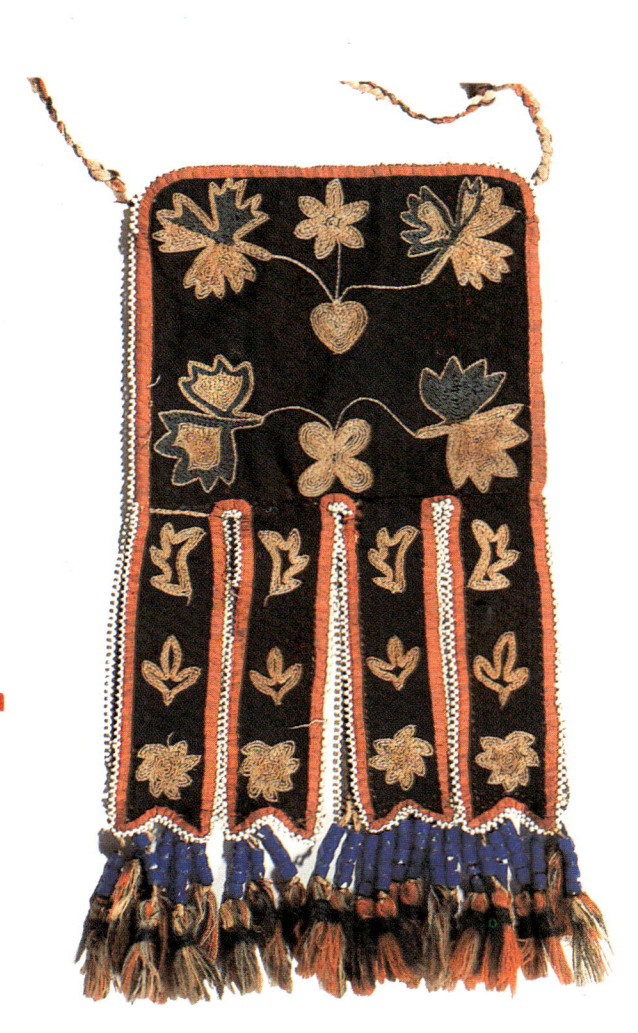

Krakentasche, Plateau. Solche Taschen – so genannt wegen der „Tentakel"-Form der Fransen – waren wichtige Handelsartikel.

Register

Ziffern in Kursivschrift verweisen auf die Abbildungen

A
Acoma (Himmelsstadt) 9 f., *9*, *11*
Adena-Hopewell 77 f.
Aleut 25
Algonquin 38, 85, 89, 90
Algonquin-Allianzen 89 f.
Alice Spot *102*
Apachen 11, 16 ff.
Appalachen 79 f.
Arapaho 45
Arikara 45
Athapascan-Stämme 33 ff.
Atna 33
Äußerster Westen 95 ff.

B
Ballspielfelder 14
Bannock 102
Bärenseestamm 33
Bear Lake 33
Beaver (Biber) 33, *64*
Begräbnisbräuche der Adena-Hopewell 77
Begräbnisbräuche der Eskimo 25 ff.
Begräbnisbräuche der Natchez 79
Begräbnisbräuche der Nordwestküsten-Schamanen 72
Begräbnisbräuche der Plateau-Stämme 105
Behausungen der Stämme des Südwestens 10
Behausungen der Stämme Nordkaliforniens 100
Behausungen der Apachen 17
Behausungen der Choctaw *81*
Behausungen der Dene 38
Behausungen der Eskimo 27
Behausungen der Hupa *102*
Behausungen der Kwakiutl *61*, *69*
Behausungen der Natchez 79
Behausungen der Navajo 20
Behausungen der Nordwestküsten-Stämme 64
Behausungen der Osage 48
Behausungen der Pawnee 48, *48*
Behausungen der Pima und Papago 14 f.
Behausungen der Seminolen 80
Behausungen der Steppenindianer *43*
Behausungen der Wichita 48, *52*
Behausungen, Rohstoff 38, 48, *48*, *52*, 80, *81*, 103,
Bella Coola 64
Bemalung auf Haar *99*
Bemalung auf Häusern *61*
Beothuk 38
Bewässerungsgräben 9
Birkenrinde-Schachteln *41*
Blackfoot (Schwarzfußindianer) 45
Büffel, Bedeutung 45, 57
Büffeljagd 43, 45, 48, 55 f., 103
Büffelumhänge 45
Büffelumhänge der Sioux *51*
Büffelumhänge der Pawnee *47*

C
Caddo-Mississippianer 79
Calusa 79 f.
Carrier 33
Cayuga 85
Chaco-Canyon-Pueblo *14*
Cherokesen 80 f.
Cheyenne 45, 47
Chicasaw 80 f.
Chilcotin 33
Chipewjan 33
Chippewa 92
Chippewa-Konföderation 93
Chiricahua-Apachen 16
Choctaw 80
Cree 38
Cree, Konzept der Überfamilie 41
Cree, Namensgebungssystem 41
Creek 80 f.
Crow 45, 47

D
Dalles-Handelszentrum 100, 106
Decken 75
Decken der Navajo 11, 19 f.
Dene 33, 35
Dieguenos 99
Dogrib 33
Dolch, Tlingit-Kriegsführung *73*
Dörfer 14
Dörfer der Algonquin 90
Dörfer der Delawaren *82*
Dörfer der Dene 36 ff.
Dörfer der Irokesen 85
Dörfer der Mississippianer 79
Dörfer der Natchez 79
Dörfer der Nez Percé 106
Dörfer der Nimkish (Kwakiutl) *69*
Dörfer der Nordwestküsten-Stämme 65
Dörfer der Pawnee *48*
Dörfer der Plateau-Stämme 103
Dörfer der Skidegate (Nootka) *72*
Dörfer der Stämme Kaliforniens 97
Dörfer der Steppenindianer 45, 48 f., 51, 58
Dörfer der Walpi (Hopi) *13*

E
Eheschließungen bei den Plateau-Stämmen 103
Eheschließungen bei den Stämmen Nordkaliforniens 100
Erdhügel der Adena-Hopewell 77
Erdhügel der Mississippianer 79
Erneuerungszeremonien der Cheyenne 57
Erneuerungszeremonien der Crow 57
Erneuerungszeremonien der Sioux 57
Eskimo *25*, 25 ff., *27*
Eskimo, Lippenpfropfen *25*
Etowah-Schnitzereien *80*
Europäischer Einfluß auf die Algonquin 90 ff.
Europäischer Einfluß auf die Florida-Stämme 80
Europäischer Einfluß auf die Nez Percé 80
Europäischer Einfluß auf die Nordwestküsten-Stämme 73
Europäischer Einfluß auf die Stämme Kaliforniens 95 ff.
Europäischer Einfluß auf die Steppenindianer 47 ff.

F
Federschmuck der Chippewa *90*
Federschmuck der Pomo 98, *99*
Flathead 103
Florida 79 f.
Florida-Stämme 79 f.
Fünf zivilisierte Stämme 80 f.

G
Gabrielenos 99
Gebrauchsgegenstände aus Stachelschweinborsten *7*, *35*, *36*, *38*, *39*, *41*, *45*, *53*, *59*, *87*, *88*, *93*, *105*
Geister der Stämme des Südwestens 11 ff.
Geistergesang 69
Geistertänze der Apachen *17*, 18
Geistertänze der Cree 41
Geistertänze der Hopi *9*, *13*
Geistertänze der Kwakiutl und Tlingit *67*
Geistertänze der Nutlam 69, 71, 73
Geistertänze der Pima und Papago 16
Geistertänze der Pueblo *13*, 18
Gewehre 47 f.
Glaubenssystem der Cree 41
Glücksbringer der Athapascan *36*
Glücksbringer der Chugach *32*
Glücksbringer der Eskimo *27*, 30 f.
Glücksbringer der Kiowa 45
Goldrausch in Kalifornien 95
Gosiute 102
Götter der Navajo 20
Grabbeigaben, Adena-Hopewell 77
Grand Canyon 9
Great Serpent Mound 77
Großes Becken 102

H
Haida 64
Halbnomaden 48
Hamatsa-Gesellschaft 61, 67 f.
Hamatsa-Tänze, Initiationstänze 61, *67*, 67 ff., *69*, 73
Handel 32, 73, 98, 106
Handel mit Knöpfen *69*
Handel mit Perlen *45*, *97*
Handelsrouten der Adena-Hopewell 77
Handelsrouten der Plateau-Stämme 106
Handelsrouten der Nordkaliforniens 100
Häuptling Joseph 108
Häuptlinge der Natchez 79
Hauptnahrung der Chippewa 92
Hauptnahrung der Florida-Stämme 80
Hauptnahrung der Plateau-Stämme 103
Hauptnahrung der Stämme der Nordwestküste 65
Hauptnahrung der Stämme des Großen Beckens 102 f.
Hauptnahrung der Stämme Kaliforniens 97
Hauptnahrung der Steppenindianer 45 f., siehe auch Büffel
Hauspfosten-Malerei der Cowichan 65
Hauspfosten-Malerei der Haida *70*
Hauspfosten-Malerei der Nordwestküsten-Stämme 64
Havasupai 9
Heilungszeremonien bei Krankheiten 71 f.
Hiawatha 85
Hidatsa 45
Hogans 20
Hoher Norden 25 ff.
Hohokams 9
Hopi 12
Hüftgürtel 89
Hundeschlitten, Eskimo 27
Hupa 100
Huronen 85

I
Iglus 27
Ingalik 33
Initiationstänze (Hamatsa) 61, 67 ff., 73
Iowa 45
Irokesen 85 ff.
Irokesen, besondere Kooperation 85, 89

J
Jagd bei den Algonquin 38
Jagd bei den Apachen 16 f.
Jagd bei den Chippewa 92
Jagdtechniken der Dene 35 f., 38
Jagdtechniken der Eskimo 28
Jagdtechniken der Stämme des Großen Beckens 102 f.
Jamestown, Gründung 90
Jicarilla-Apachen 16
Juanenos 99

K
Kachina-Puppen, Hopi 9
Kalifornien 95 ff.
Kansa 45
Kaska 33
Kiowa 45 ff.
Kiowa, Wiegetragen *53*
Klamath 100
Kleidung der Apachen 17
Kleidung der Athapascan *34*
Kleidung der Blackfoot *59*
Kleidung der Cayusa *106*
Kleidung der Chugach *32*
Kleidung der Eskimo 28, *28*, *31*
Kleidung der Florida-Stämme 80
Kleidung der Hupa *102*
Kleidung der Kiowa *53*
Kleidung der Kutchin *33*, *34*
Kleidung der Naskapi *41*
Kleidung der Navajo *19*, *20*
Kleidung der Plateau-Stämme 105
Kleidung der Seri 99
Kleidung der Stämme des Großen Beckens 102
Kleidung der Tanana *34*
Kleidung der Wichita *52*
Kleidung der Wintu *98*
Kleidung, europäischer Einfluß *41*, *83*
Kleidung, Vogelhaut *31*
Klikitat 103
Knopfdecken *69*
Komantschen 45
Komantschen, Kriegsführer *53*
Kopfrasur *50*
Kopfschmuck der Apachen *17*
Kopfschmuck der Komantschen *53*
Kopfschmuck der Pawnee *49*
Korbflechterei der Apachen 11, *16*, 17
Korbflechterei der Chitimacha/Cherokee 80

Korbflechterei der Chugach *32*
Korbflechterei der Cree *39*
Korbflechterei der Hupa *102*
Korbflechterei der Klikitat *106*
Korbflechterei der Nootka *71*
Korbflechterei der Nordwestküsten-Stämme 65
Korbflechterei der Paiute *105*
Korbflechterei der Pima und Papago 11, 15, *15*
Korbflechterei der Salish *66*
Korbflechterei der Stämme des Großen Beckens 102
Korbflechterei der Stämme des Südwestens 23
Korbflechterei der Stämme Nordkaliforniens 98
Korbflechterei der Tlingit *75*
Korbflechterei der Umpqa *105*
Korbflechterei der Wasco *103*
Korbhandwerk *32*
Korbhandwerk der Apachen 11, *18*
Korbhandwerk der Chippewa *90*
Korbhandwerk der Naskapi *41*
Korbhandwerk der Nootka *71*
Korbhandwerk der Paiute *105*
Korbhandwerk der Tanana *36*
Korbhandwerk der Tlingit *75*
Korbhandwerk der Pomo 98, *99*
Koyukon *33*
Kreislager der Steppennomaden 52, 58
Krieger 54 f., 85
Kriegergesellschaft 49, 52
Kriegsführung 47
Kriegsparteien 54 f.
Kriegsschläger *90*, *92*
Kriegsschläger der Cayusa *108*
Kriegsschläger der Ojibwa *84*
Kunst aus Birkenrinde 38, *39*, *41*, 92, 105
Kunst aus Zedernrinde 87
Kunst aus Zedernrinde der Kwakiutl *67*
Kunst aus Zedernrinde der Nootka *71*
Kunst aus Zedernrinde der Tlingit *75*
Kunsthandwerk der Eskimo *27*
Kunsthandwerk der Nordwestküste 65
Kunsthandwerk der Pima-Papago *15*
Kunsthandwerk der Plateau-Stämme 105
Kunsthandwerk der Seri *99*
Kunsthandwerk der Sioux *7*
Kupfer *75*

Kupferblechstanzereien *77*
Kutchin *33*
Kwakiutl 61

L
Landbestellung bei den *Fünf zivilisierten Stämmen* 81
Landbestellung bei den Algonquin 89
Landbestellung bei den Halbnomaden 48 f.
Landbestellung bei den Irokesen 85
Landbestellung bei den Navajo 19
Landbestellung bei den Prärie-Indianern 45
Landbestellung bei den Stämmen des Südwestens 9
Lastriemen, Irokesen 87
Luisenos 99

M
Maidu 97
Malerei/Dekoration der Apachen 11, *17*, *18*
Malerei/Dekoration der Cheyenne 57
Malerei/Dekoration der Cree *59*
Malerei/Dekoration der Eskimo *27*
Malerei/Dekoration der Naskapi *41*
Malerei/Dekoration der Navajo 19
Malerei/Dekoration der Nootka *71*
Malerei/Dekoration der Nordwestküsten-Stämme 65
Malerei/Dekoration der Osage *50*
Malerei/Dekoration der Pawnee *49*
Malerei/Dekoration der Pima und Papago 11, *15*
Malerei/Dekoration der Pueblo 11
Malerei/Dekoration der Sioux *51*
Malerei/Dekoration der Stämme im Südwesten 23
Malerei/Dekoration der Steppenindianer 52 ff.
Malerei/Dekoration der Tanana *33*
Maltechniken der Algonquin 90
Maltechniken der Cree/Menimonee 38
Maltechniken der Cree/Ojibwa *39*
Maltechniken der Delaware 77
Maltechniken der Florida-Stämme 90
Maltechniken der Haida *70*

Maltechniken der Huronen *84*
Maltechniken der Kiowa *53*
Maltechniken der Naskapi *41*
Maltechniken der Navajo 11
Maltechniken der Nootka *71*
Maltechniken der Nordwestküsten-Stämme 75
Maltechniken der Ojibwa *84*
Maltechniken der Pima und Papago 15
Maltechniken der Plateau-Stämme 105
Maltechniken der Shawnee *87*
Maltechniken der Sioux *51*, *56*
Maltechniken der Stämme Kaliforniens 98
Maltechniken der Tanana *36*
Mandan 45
Mariposa 97
Masken 69,
Masken der Eskimo 30
Masken der Haida *70*
Masken der Kwakiutl *69*
Masken der Tlingit *63*, *72*
Masken der Kutchin *33*
Masken der Pawnee-Krieger *49*
Masken der Seri *95*
Matten der Pawnee *48*
Matten der Salish *66*
Mescalero-Apachen 16
Metallverarbeitung bei den Hopewell 77
Metallverarbeitung bei den Hopi *23*
Metallverarbeitung bei den Navajo 19, *22*
Micmac 38
Mississippi-Kultur 79
Missouri 45
Missouri-Stamm 45
Mitgift, Pomo 98
Miwok 97
Modoc 100
Mohawk 85 ff.
Mohikaner, siehe Mohawk
Moietät 49
Mokassins der Bewohner des östlichen Waldlands *93*
Mokassins der Irokesen *88*
Mokassins der Kiowa *45*
Mokassins der Naskapi *41*
Mokassins der Steppenindianer *46*
Mono 97
Montagnais 38
Mountain *33*
Muskovitstanzarbeiten 77 f., *77*
Mutter Erde 41
Mythologie der Navajo 19
Mythologie/Glaubensvorstellungen der Adena-Hopewell 77
Mythologie/Glaubensvorstellungen der Apachen 12, 16 ff., *17*, *18*, 18

Mythologie/Glaubensvorstellungen der Athapascan *36*
Mythologie/Glaubensvorstellungen der Chippewa 92 f.
Mythologie/Glaubensvorstellungen der Cree 42
Mythologie/Glaubensvorstellungen der Dene 35 f., 38
Mythologie/Glaubensvorstellungen der Eskimo 30 f.
Mythologie/Glaubensvorstellungen der Irokesen 89
Mythologie/Glaubensvorstellungen der Kwakiutl 67, 69
Mythologie/Glaubensvorstellungen der Minnetarree 55
Mythologie/Glaubensvorstellungen der Navajo 12, 20
Mythologie/Glaubensvorstellungen der Nootka 71
Mythologie/Glaubensvorstellungen der Nordwestküsten-Stämme 61 ff.
Mythologie/Glaubensvorstellungen der Plateau-Stämme 105
Mythologie/Glaubensvorstellungen der Pueblo 12 f.
Mythologie/Glaubensvorstellungen der Skidi 51
Mythologie/Glaubensvorstellungen der Stämme der Großen Seen 93
Mythologie/Glaubensvorstellungen der Stämme Kaliforniens 95
Mythologie/Glaubensvorstellungen der Steppenindianer 45, 48, 52, 57 ff.
Mythologie/Glaubensvorstellungen der Tlingit 75

N
Naskapi 38
Natchez 79
Navajo 11, 19 ff.
Nez Percé 103
Nomaden 20, 52, siehe auch Eskimo und Steppenindianer
Nordkalifornien 100 ff.
Nordwestküste 61 ff.

O
Ojibwa 38
Okipa 57
Omaha 45
Oneida 85
Onondaga 85
Osage 45, 48
östliches Waldland 85
Oto 45
Ottawa 93
Otter 65

P
Paiute 102
Parfleche-Etuis 54

Parkas 28, *28*
Pawnee 45, *47*
Perlenarbeiten der Bewohner des östlichen Waldlands *93*
Perlenarbeiten der Cayusa *106*
Perlenarbeiten der Creek *83*
Perlenarbeiten der Huronen *84*, *89*
Perlenarbeiten der Irokesen *89*
Perlenarbeiten der Kiowa *45*, *53*
Perlenarbeiten der Kutchin *33*
Perlenarbeiten der Naskapi *41*
Perlenarbeiten der Sioux *7*
Perlenarbeiten, Ursprung der Muster 45
Pfeifen 58
Pfeifen der Adena-Hopewell 79
Pfeifen der Assiniboine und Mandan 56
Pfeifen der Blackfoot *59*
Pfeifen der Pawnee *49*
Pfeifen der Sioux *56*
Pferde bei den Apachen 17 f.
Pferde bei den Navajo 19
Pferde bei den Steppenindianern 47, 54 f.
Pferde bei den Stämmen des Großen Beckens 103 f.
Pima und Papago 9, 14 f., *15*
Plateau 103
Poca 45
Pomo 97
Potawatomi 93
Potlach 65 f., 70, 73, 75
Powwows, siehe Versammlungen
Pueblo 9 f., 12

Q
Quanah Parker *53*
Quapaw 45

R
Rauchrituale, Ursprung 79
Rohstoffe für Schmuck und Handwerkszeug *27*, 30 f., *32*, *35*, *36*, *39*, 45, *52*, *56*, 77, 80, 98, 100, 105

S
Salish 61, 66, 69
San Ildefonso Pueblo *22*
Sandgemälde 22 f.
Sandgemälde der Navajo *23*
Sandgemälde der Stämme Südkaliforniens 99
Sarsi 33
Schalen, Eskimo *27*
Schamanen 54
Schamanen der Apachen 18
Schamanen der Dene 36
Schamanen der Eskimo 30 f.

Schamanen der Navajo *20*
Schamanen der Nordwestküsten-Stämme 71 ff.
Schamanen der Stämme Südkaliforniens 99
Schamanen der Steppenindianer 49 ff.
Schamanenpuppen *73*
Schmuck bei den Florida-Stämmen 80
Schmuck bei den Hopi *23*
Schmuck bei den Navajo *22*
Schmuck bei den Nordwestküsten-Stämmen 97
Schmuck bei den Pomo 98
Schmuck bei den Stämmen im Südwesten *23*
Schneebrillen, Eskimo *27, 29*
Schnitzereien *65*
Schoschonen 102
Seminolen 88 f.
Seneca 85 ff.
Seri 99
Sioux 45 ff.
Sippenkennzeichen, Adena-Hopewell 77
Skalps *38, 59, 108*
Skalps und ihre Bedeutung bei den Steppenindianern 54
Skidi 45
Sklavenstämme 33
Slavey 33
Sonnenschild *30*
Sonnentänze 57 f.
Sonnentänze der Steppenindianer 57
Sprachen der Apachen 16
Sprachen der Athapascan 33
Sprachen der Eskimo/Aleut 25
Sprachen der Nordwestküsten-Stämme 61, 71

Sprachen und Dialekte der Sioux 45
Stadtstaaten der Mississippianer 79
Stammesstrukturen der Algonquin 90
Stammesstrukturen der Apachen 16 f.
Stammesstrukturen der Mississippianer 79
Stammesstrukturen der Natchez 79
Stammesstrukturen der Stämme Nordkaliforniens 97 f.
Stammesstrukturen der Steppenindianer 49
Steppen und Prärien 43 ff.
Steppenindianer 45 ff.
Steppenindianer, Herkunft und Ausbreitung 47 f.
Steppenindianer, Büffeljagd 55
Steppenindianer, Krieger 54 ff.
Steppenindianer, Verhältnis der Geschlechter untereinander 52
Stickerei mit Elchhaaren 35
Südkalifornien 99
Südwesten 9 ff.

T
Tabak *7*
Tabakbeutel *7, 56*
Tahltan 33
Tanana 33
Tanzgesellschaften der Algonquin 90
Tanzgesellschaften der Eskimo 28
Tanzgesellschaften der Kwakiutl und Tlingit 67 f.

Tanzgesellschaften der Minnetarree 55
Tanzgesellschaften der Nordwestküsten-Stämme 67 f.
Tanzkostüme der Stämme Nordkaliforniens 100
Tanzkostüme der Tlingit *72*
Tanzkostüme der Yurok/Karok 100
Taschen der Creek 83
Taschen der Delaware 77
Taschen der Eskimo 28
Taschen der Hare 35
Taschen der Huronen *84, 89*
Taschen der Nez Percé 109
Taschen der Ojibwa 87
Taschen der Osage *51*
Taschen der Shawnee 87
Taschen der Wasco 103
Tätowierung bei den Florida-Stämmen *79*, 80
Tätowierung bei den Mohave *101*
Tätowierung bei den Mohawk 84
Tätowierung bei den Osage 50
Tätowierung bei den Seri 99
Tätowierung bei den Steppenindianern 52 ff.
Ten Bears 47
Timucua 79 f.
Tine 33
Tipi 43, *43*
Tipis der Jicarilla/Kiowa *17*
Tipis der Komantschen *43*
Tipis der Plateau-Stämme 103
Tlingit 64
Töpferhandwerk der Anasazi 14
Töpferhandwerk der Mohave *101*

Töpferhandwerk der Pueblo 11, *11, 22*
Töpferhandwerk, traditionell *11*
Totemabstammung 41
Totempfähle 69
Totempfähle der Bella Coola 64
Totempfähle der Chippewa 92 f.
Totempfähle der Nootka 73
Totempfähle der Nordwestküsten-Stämme 65
Totemprivilegien 64
Träume/Visionen, Bedeutung für die Dene 35 f.
Träume/Visionen, Bedeutung für die Nordwestküsten-Indianer 69
Träume/Visionen, Bedeutung für die Salish 69
Träume/Visionen, Bedeutung für die Steppenindianer 58
Tsimshian 64
Tundra 31
Tutchone 33

U
Ute 102 f.

V
Versammlungen 90
Visionssuche, siehe Träume/Visionen
Vorratshaltung, Pemmican 54

W
Währung 75, 98
Waldland-Bewohner 77 ff., siehe auch *Fünf zivilisierte Stämme*

Webkunst der Chippewa 90
Webkunst der Huronen 84
Webkunst der Klikitat *106*
Webkunst der Navajo 11, 19 f., *19, 20*
Webkunst der Nordwestküsten-Stämme 65
Webkunst der Plateau-Stämme 105
Webkunst der Steppenindianer 45
Webkunst der Wasco *103*
Webkunst in Kalifornien 98
Wichita 45
Wigwam 48
Winterlager im hohen Norden 9
Wintu 97
Wintun 97
Wishram 103
Wüste 11, 23, 102 f.

Y
Yavapai 9
Yeis 12, 20
Yellowknife 33
Yumans 9
Yurok 100

Z
Zeremonien der Apachen 18
Zeremonien der Blackfoot 57
Zeremonien der Chippewa 93
Zeremonien der Hopi *13*
Zeremonien der Steppenindianer 52
Zuni 12

Bildnachweis

BW Ben Whittick Museum von Neu-Mexiko. BS. B. Saal, Hamburgisches Museum für Völkerkunde. WC Will Channing, Earth Circle Stiftung. NM Museum von Neu-Mexiko. NM Navajo Museum. PK Staatliches Museum Preußischer Kulturbesitz, Berlin. UM Überseemuseum, Bremen. MC National Museum of Civilization, Ottawa. BM Britisches Museum. IW Ian West Sammlung. DL Deutsches Ledermuseum, Offenbach. WM Woolaroc. WK W. Knust, Kuprianoff Sammlung, Staatliche Museen für Naturkunde und Vorgeschichte, Oldenburg. RF Robert und Francis Flaherty Studienzentrum, Claremont, Kalifornien. GP Museum der Great Plains, Lawton, Oklahoma. VD V. Didoni, Lindenmuseum, Stuttgart. OT Osage Stammesmuseum, Pawhuska, Oklahoma. EC Edward Curtis. BC British Columbia Archiv und Aufzeichnungsdienst, Victoria. TB Thomas Burke Memorial, Washington State Museum. DB De Bry. SN Smithsonian Institution, Nationalarchives, SA Smithsonian Institution, Nationalmuseum amerikanischer Kunst. CB Carl Bodmer. HS Hilliers. GC George Catlin.

Alle anderen Bilder entstammen privaten Sammlungen. Die Nummern beziehen sich auf Kapitelabschnitte.

Einleitung:
Kap. 1: Tabaksbeutel PK; A. Pueblo BW; San I. Topf WC; A. Topf WC; Zuni HS/SI; H. Tänzer SI; Kachina WC; A. Topf 2 BS; P.-P. Frauen SI; Satteltasche SA; G. Tänzer SI; Zaum SI; Decke WC; Sandgemälde NM; Weber MN; N. Decke 2 WC;

Kap. 2: Labretten SI; Schale WC; Parka 1, 2 BS; Fäustlinge UM; Tasche UM; Schneebrille UM; Talisman UM; Frau SI; Schneeblende BS; Mantel BS; Chagamiut 1, 2 SI; Ottermensch WK; Schöpflöffel WK; Kleid/Leggins BS; Kleid BS; Kutchin SI; Köcher BS; Schläger WK; Tasche 2 MS; Kapuze BS; Kratzer MC; Fäustlinge 2 MS; Körbe BM; Schneeschuhe IW; Scheide BM; Mantel 2 SI; Naskapi RF; Mokassins 2 DL; Schachtel BS; Beutel 1, 2, 3 BM;

Kap. 3: Lager GP; Kiowa GC/SA; Messer/Scheide VD; Umhang SI; Mokassins VD; Wigwams SI; Pawnee 1, 2, 3, GC/SA; Pfeife VD; Osagemann SI; Muschel WM; Kansa GC/SA; Omaha GC/SA; Umhang 2 VD; Tasche OT; Wigwam SI; Mädchen GC/SA; Ahle BM; Mädchen SI; Wiegetrage BS; Komantsche GP; Parfleche VD; Tänzer CB/SI; Reif VD; Pfeifen VD; Beutel PK; Blachfoot GC/SA; Leggins VD; Schild MB.

Kap. 4: Haus SI; Maske UU; Tochter EC/BC; Korb 1, 2 BM; Tanz EC/BC; Tänzer EC/BC; r. Maske BM; Elfenbein/Knochen BS; p. Maske BM; Mädchen EC/BC; Hut BM; Schläger BM; Dorf BC; Schürze TB; Puppen UM; Messer BS; Maske 2 WK; p. Hut SI; Hut 2 BS.

Kap. 5: Maske SI; Frau DB/SI; Haus SI; Körbe alle BM; Makassins 1, 2 BM; Frauen SI; Peoria GC/SA; Creek SI; Tasche 1, 2 SN; Dorf SI; Beutel BM; Schärpe BM; Schläger BM; Irokese SI; Beutel 2 VD; p. Taschen BM; Riemen BM; Kordel BM; Mokassins BS; Schläger 2 SI; y. Beutel BM; Schärpe 2, 3 BM; Chippewa GC/SA; Federn SI; Schläger 3 VD.

Kap. 6: Mädchen SI; Ornament BM; Kette BM; Halskette BM; Schurz UM; Mann SI; Frau SI; f. Korb 2 WC; Gürtel SI; Mahave SI; Puppe BM; Kleid WC; Hupa SI; Korb SI; Umpqua BM; Hut BM; Paiute SI; K. Korb WC; K. Korb 2 BM; Minikorb; Joseph SI; Cayuse SI; Nez. P. Tasche 1, 2 BM; Krakentasche b. 1, 2 BM; Decke SI; Männer & Frauen SI;